莫萨营销沟通情景对话系列

客服人员超级口才训练
（实战升级版）

程淑丽 著

人民邮电出版社

北 京

图书在版编目（ＣＩＰ）数据

客服人员超级口才训练：实战升级版 / 程淑丽著
. -- 2版. -- 北京：人民邮电出版社，2019.1
（莫萨营销沟通情景对话系列）
ISBN 978-7-115-49972-1

Ⅰ. ①客… Ⅱ. ①程… Ⅲ. ①销售－口才学 Ⅳ.
①F713.3②H019

中国版本图书馆CIP数据核字(2018)第253178号

内容提要

好口才才能有效地说服客户，好口才才能带来好业绩。具备有效的沟通技能和良好的口才，对客服人员来说尤为重要。

本书从 10 个角度展现了客服人员在工作中可能会遇到的 135 个情景，针对每个情景，分别提供了客服人员需要掌握的沟通技巧和方法，本书内容生动，具有很强的可操作性，是客服人员提高沟通能力的实务工具书。

本书适合客户服务中心、售后服务中心、电话销售中心、呼叫中心、政务中心客服人员以及各中心管理人员使用，也可作为沟通培训的教材，还可作为服务型企业的内训教材。

◆ 著　　程淑丽
责任编辑　庞卫军
责任印制　焦志炜

◆人民邮电出版社出版发行　　北京市丰台区成寿寺路 11 号
邮编 100164　电子邮件 315@ptpress.com.cn
网址 http://www.ptpress.com.cn
北京七彩京通数码快印有限公司印刷

◆开本：700×1000　1/16
印张：13　　　　　　　　　　　2019 年 1 月第 2 版
字数：150 千字　　　　　　　　2025 年 5 月北京第 27 次印刷

定　价：49.00 元

读者服务热线：（010）81055656　印装质量热线：（010）81055316
反盗版热线：（010）81055315

前　言

　　无论是政府、企事业单位还是社团组织，无论你提供的是有形产品还是无形产品，做好客户服务都已经成为了赢得顾客好感和提升自身竞争力的方式之一。

　　无论是客服中心、呼叫中心、售后服务中心、电话销售中心还是政务中心，客服人员每天都在通过各种方式与顾客进行沟通。

　　如何提高客服人员的沟通效率和效果？如何让客服人员的沟通技能得到提升？如何通过有效的方式和手段让优秀的沟通情景被大家共享？

　　本书通过 10 个角度、135 个场景给出了答案。

　　全书从服务态度、顾客心理、倾听、发问、说服、处理抱怨、处理投诉、解答问题、沟通策略和沟通礼仪 10 个角度，通过135 个场景全面、生动地展示了各个环节中客服人员与顾客沟通的方法。

　　每个人都需要沟通，要想有效沟通必须掌握一定的沟通技能，而且要将这种技能通过某种方式加以提升。本书用场景对话的方式，直接呈现沟通过程，以便可以快速而有效地提升客服人员的沟通技能。

　　无论你是一名有经验的客服人员，还是一个新手，本书的内容都值得你学习和阅读。而且，我们提供的部分情景和呈现的具体问题有的可以直接运用于工作及沟通中，拿来即用，方便有效。

　　需要说明的是，情景不同话不同，本书呈现的情景和沟通的话语不是在任何情况下都可以拿来使用的，也不是唯一的表达方法。读者要根据实际情景灵活使用，不要生搬硬套。

目录
Contents

Chapter 1

第1章

修素养：修出自我的专业模样

服务态度是指服务人员在为服务对象服务的过程中表现出来的神态举止。服务态度的好坏关键取决于客服人员在心理上如何给顾客定位，不同的理解就会表现出不同的态度，进而发生不同的服务行为，最终导致不同的服务质量和效果。

　　在商品极大丰富的今天，顾客变得越来越挑剔，对服务的要求也越来越高，而服务的好坏直接关系到企业经济效益的高低，这就要求客服人员以良好的服务态度不断满足和超越顾客的期望，只有这样企业才能有生存的空间。

　　客服人员在为顾客服务的过程中应该以怎样的态度与顾客沟通呢？礼貌、热情、诚信、尊重、责任等一个都不能少。

第1节　有礼貌

"礼貌待客"一直是客服人员必须遵循的行为规范，客服人员的工作更是以客户满意度为主要评判标准的。在与顾客沟通的过程中，客服人员只有礼貌待客，让顾客感觉到愉悦，才可能做好客服工作。

情景001　注意语音语调

有人说过，"相比说话的内容，说话的效果更依赖于说话的时机和方式！"语言是沟通的介质，同样的一句话用不同的语音、语调表达出来，给人的感觉是完全不一样的。客服人员如果不想给顾客留下粗俗无礼的印象，不仅要注意自己的沟通话术，更要注意自己的语音语调。

（某房地产租赁公司客户服务部，电话铃响。）

客服人员（某地区方言，急促地）：您好，咋了？说！

顾客（不由自主地也说话快了起来）：我们的房子"锁"坏了。

客服人员（大声地）：咋坏了？

顾客（不由自主地紧张）：不知道！

客服人员（粗鲁地）：不知道？打不开还是锁不上？

顾客（委屈地）：打不开。

客服人员（快速地）：为什么会打不开呢？你用钥匙使劲拧，钥匙试着拔出来一点儿，多试试就好了。

顾客（似懂非懂地）：哦。

客服人员：好吧，就这样！

（大概10分钟后，电话铃又响了，客服人员拿起电话）

客服人员：你好，咋了？说！

顾客：你为什么不能说话慢点呀？

客服人员：嗨，我就这习惯。

顾客：你这样对顾客很不礼貌，你知道吗？

客服人员：不礼貌，没有啊！

顾客：我用手机录音了，你再这样跟我说话我就投诉你，什么服务态度啊？

……

点评 客服人员"大声地、急促地、粗鲁地"用方言跟顾客沟通、为顾客服务，引起了顾客的反感。如果客服人员站在顾客的立场上想想，就会明白为顾客服务时使用普通话的重要性了。

沟通技巧 ➤➤

★谈吐文雅、语调轻柔，这是客服人员和顾客沟通时最基本的注意事项。

★使用普通话不仅能让沟通变得更顺畅，还表现出了对顾客的尊重。

★保持愉快的声音，注意抑扬顿挫，语速不宜太快。

★声音适应环境，如果对方所处环境嘈杂或与老人说话时，应适当提高音量，但不可过高，以对方刚好能听清为最佳。

情景002 使用礼貌用语

为了充分体现顾客的重要地位，客服人员与顾客沟通时一定要注意合理使用礼貌用语，提高服务品质。

客服人员甲：喂，这里是××家政服务公司客服部，有什么事情吗？

顾客：你好，我要投诉。

客服人员甲：说吧，我听着呢。

顾客：昨天我从你们公司请了一名家政服务人员，但是今天我发现丢了1 000元钱，我觉得是……

客服人员甲（打断顾客说话）：等一下，你说什么，你丢了1 000元钱？

顾客：是啊。

客服人员甲：你怀疑是我们公司的家政人员干的，所以投诉，对吗？

顾客：我也只是猜测，因为昨天……

客服人员甲（打断顾客说话）：我跟你说，这种事情你没有证据就不要瞎怀疑别人。

顾客：你是怎么说话的，什么态度啊？那我报警了，我要你们公司承担我的一切损失！我还要把这件事通过媒体告诉大家，让他们以后都别请你们公司的家政服务人员。

（这时，客服人员乙抢过了电话，和顾客聊了起来）

客服人员乙：您好，对不起，刚才接电话的是我同事，他是新来的，对不起！我是×××，很高兴为您服务！

顾客：你那个同事什么服务态度啊？

客服人员乙：对不起，我一定批评教育他！请您描述一下发生了什么不愉快的事情，好吗？

顾客：昨天我从你们公司请了一名家政服务人员，但是今天我发现丢了1 000元钱，我觉得有可能是你们公司的人拿的，因为这中间我家也没来过别人。

客服人员乙：对不起，没想到会发生这样的事情，真的很抱歉！我建议您先报警，以免一些线索被毁。至于您提供的关于我们公司家政人员的信息，我代表公司表示感谢，我们公司一定会认真对待，对结果负责。

顾客：哦，我想应该就是她拿的，要是她承认我就不报警了，把钱还给我就可以了，我也不想把事情闹那么大！

客服人员乙：非常感谢您的好意，看来您是一个非常善良的人。不过您知道像这样的事情只有警方才有调查的权力，我们只有配合警方，尽快为您找回丢失的钱。如果现在我们贸然对家政人员进行调查，这也是侵犯了她的权利，您说对吗？

顾客：这样说也是啊，万一不是你们的人呢，还冤枉了人家。

客服人员乙：谢谢您！我们也希望最终的调查结果能还给她一个清白，建议您尽快报警。

顾客：好的，我报警吧！你的态度还是挺不错的，也谢谢你。

……

点评　把两名客服人员的语言做一下对比，就可以看出客服人员甲说话随意、没有礼貌，显得狂妄自大；客服人员乙则亲切、热情、有礼貌，能够给顾客带来好感，因此可以看出使用礼貌用语的重要性。

沟通技巧▶▶

★敬语是表示恭敬的习惯用语，与顾客交流时客服人员应以"您好"开头，"请"字中间，"再见"或"谢谢"收尾，"对不起"常挂嘴边。

★谦语是表现自谦的词语，以敬人为先导，以退让为前提，体现自律精神。通常的用法如"太客气了""为您效劳""不好意思""请原谅"等。

★雅语又称委婉语，是指用委婉、含蓄的方式表达双方都知道但不愿点破的一些事情。如"你的想法可以理解，让我们再想想办法，一定尽力而为"，其中"可以理解"就是一种委婉语，这样的回答可以给自己留有余地。

情景003　正确称呼顾客

客服人员正确称呼顾客也是有礼貌的一种表现，巧用称呼能拉近自己与顾客之间的距离。称呼稍有不当则可能引起顾客的反感，任凭接下来有多好的服务态度，也可能无济于事。

（某客服人员去某公司上门服务，做设备使用情况调研）

客服人员：张主任，您好！好久不见。

顾客（面带尴尬之色）：你好，忘了给你介绍，旁边这位是我们的办公室主任刘主任。

客服人员：哎呀！刘主任好，今天能见到你们两位主任真是三生有幸啊。两位主任，我们公司的设备用着还不错吧？

这时，旁边的刘主任开口了：你们先谈吧，我还有事情先出去了。

（说完刘主任扬长而去）

张主任：哼！你可真会说话。刘主任是刚提上来的新主任，你怎么能当着他的面叫我张主任呢，我是副的呀！本来我觉得你们的设备不错，可你现在得罪了他，还连累了我！我也帮不了你了！

（说完，张副主任气愤地走了，留下客服人员一个人愣在那里）

点评　称呼职务的时候，对"副"字的使用比较讲究，一般情况下，都根据"就高不就低"的原则省略"副"字，但当"正职"在场时，为了有所区别，应加上"副"字。案例中的客服人员就因为一个"副"字运用不当而得罪了顾客。

沟通离不开语言，如果把语言比作一支大军，那称呼就是"先锋官"，没有人一上来不打招呼就开始说话的，但仅仅打招呼是不够的，还必须使用正确的称呼。一般情况下，客服人员对顾客的称呼有以下五种类型。

1. 职务性称呼：以顾客的职务相称，以示身份有别、敬意有加，如"张乡长""李经理"等。

2. 职称性称呼：对于有职称者，尤其是具有高级、中级职称者，需直接以职称相称，以示敬意，如"李工程师""王教授"等。

3. 行业性称呼：对于从事某些特定工作的人，可以直呼其职业，如"马老师""刘医生"等。

4. 性别性称呼：当顾客的职务、职称、工作行业等信息都不明确或者不符合条件时，可以根据性别称呼顾客。一般把男性称为"先生"，未婚女性称为"小姐"，已婚女性称为"女士"。

5. 年龄性称呼：对于比较熟悉、多次交往的顾客，为了体现亲密，可以根据对方的年龄使用一些生活中常用的类血缘称呼。年龄和自己差不多或者比自己小的，可以直呼其名或者用"老王""小赵"等；年龄比自己长的应根据具体情况称呼为"大哥""大嫂""叔叔""阿姨""爷爷""奶奶"等。使用这类称呼时应注意，只有当客服人员和顾客的关系比较密切，互相很熟悉的时候才能使用；要注意礼貌，确定对方不会反感时才能用。

沟通技巧 ▶▶

★避免"张冠李戴"，客服人员在和顾客的交往中要多留心，记忆对方的称呼，顾客可能会因此认为自己受到了重视，对客服人员产生好感。

★顾客有多重身份时，客服人员应遵循"就高不就低"的原则，使用对方认为最受人尊敬的称谓。

★当一些条件不明确时，客服人员可运用惯例上顾客更乐意接受的称呼。如客服人员遇到二十多岁的女性，不能判断其是否已结婚时，就应称呼"小姐"而不是"女士"，因为女性都希望自己在别人的眼中更年轻一些。

◀ 情景004　寒暄亦显礼貌

"寒暄"一词中的"寒"是寒冷之意，"暄"是温暖之意，合起来就是嘘寒问暖。所以寒暄就是与顾客拉家常，聊一些顾客喜欢的话题。客服人员和顾客的沟通经常都是从寒暄开始的，与陌生的顾客寒暄可以打破僵局，与熟悉的顾客寒暄则能让关系更进一步。总体来说，客服人员与顾客的寒暄就是为了创造更加良好的服务环境。

某家具公司客服人员对购买产品的客户进行登门拜访，做售后调查，并试图发现新的商机。

（客服人员摁响门铃）

顾客：你是谁呀？干什么？

客服人员：您好，先生，我是××公司的客服人员×××，您上个月从我们公司购买了一套实木地板，是这样的吧？

顾客：对呀，有什么事情吗？

客服人员：感谢您使用我们公司的产品，我今天是想对您的地板使用情况做个调查，然后为您提出一些有用的地板维护建议。

顾客：哦，那进来吧。

客服人员（一边往里走一边说）：谢谢！哇！您的房子好漂亮啊。这是欧式的装修风格吧？

顾客：呵呵！是的，是欧洲19世纪的装修风格。

客服人员：您真有品位，这也巧了，我们公司过两天马上要举行一个"欧洲复古式室内装修"的展会，您应该去看看。

顾客：是吗？展会规模大吗？你看我这个位置，再放一套沙发是不是刚好，那边也缺一个书柜，要是能买到合适的就好了。

客服人员：这次展会的全部家具都是欧式风格的，我想您肯定能选到满意的产品，建议您还是去看看吧，具体日期和地点是……

顾客：那好，太感谢你了，请坐！

……

点评 客服人员通过与顾客的寒暄，不仅拉近了彼此间的距离，营造了良好的服务氛围，还发现了顾客的需求，为公司创造了商机。

假设上述案例中的客服人员在上门做调查的过程中，不和顾客寒暄，进门二话不说就对产品的使用情况检查一番，然后问顾客几个程序化的问题，顾客一定会认为该客服人员没有礼貌、缺乏素质，在服务过程中就不可能好好配合客服人员，更别说听从客服人员的建议去展会选购该公司产品了。

沟通技巧 ▶▶ ···

★客服人员在正式服务之前和顾客寒暄几句，有助于拉近彼此间的距离。

★寒暄的话题要根据顾客的具体情况而定，注意选择顾客感兴趣的话题。

★寒暄的时间不宜过长，营造出适宜的交谈气氛即可。

★并不是所有情况下客服人员都要和顾客寒暄几句，当顾客寻求服务的意向明确或者时间紧张时，不宜寒暄，否则会让顾客认为客服人员不敬业、啰唆、办事不力。如很多大企业的客服部都设有专门的呼叫中心，当顾客打电话求助时，客服人员应开门见山、直奔主题，这时的寒暄就是画蛇添足。

第2节 有热情

客服人员只有热情地对待顾客，才可能和顾客建立起相互信任的良好关系，在接下来的服务工作中才能跟顾客更好地配合，最终产生良好的服务效果，使顾客满意。

顾客往往通过很短暂的沟通来反映问题或获取服务，但客服人员在这短暂的沟通中带给顾客的印象却会被顾客扩大到整个企业及该企业的品牌。如果在沟通中，客服人员给顾客留下了不好的印象，这个负面印象就可能长久地影响顾客对企业的看法及信心。所以，在短暂的沟通中，客服人员一定要把握机会向顾客展示自己的热情。

情景005 微笑服务

人的面部表情也能起到沟通的作用，是一种无声的语言，被称为"世界语"，即人的表情传达出来的信息全球通行，世界各地的人都懂。微笑就是其中最美丽，也是最有感染力的一种。对于顾客来说，微笑还代表着热情，表达了客服人员的服务愿望，每位顾客都愿意看到客服人员甜美动人的微笑。

客服人员（面带微笑）：您好，欢迎致电××快递公司，我是19号客服人员，请问有什么能够帮助您的？

顾客（听到对方友善悦耳的声音，气就小了很多，但声音还是很严厉）：你们公司的效率怎么这么差啊？我发的快递都快一个星期了，对方还是没有收到。

客服人员（保持微笑，声音里带着歉意）：有这样的事情发生真是非常抱歉，您别着急，我帮您查一下出了什么状况，麻烦您告诉我快递单号，好吗？

顾客（听到对方态度这么诚恳，气消了一大半，冷冷地说）：××××，你查吧！

客服人员（仍然微笑，迅速查完）：不好意思，让您久等了！您的快递正常情况下是昨天下午到货，但因为××地区突降暴雨影响交通，耽误了两天，目前预计明天下午才能到达，由此给您带来的不便请见谅，非常抱歉！

顾客（显得很无奈）：怎么会这样啊，你知道这样会影响我的信誉，我的客户已经很不耐烦了，我跟他说的两天前就能到货。

客服人员（自信地微笑着）：先生，非常抱歉，您看这样好吗？为了不影响您的信誉，我们可以出面向您的客户做出解释，我想您的客户会理解您的，好吗？

顾客（精神一振）：哦，这样可以啊？那最好了，谢谢你！

客服人员（露出了开心的笑容）：不客气，让顾客满意就是我们最大的责任！请问还有什么能够帮助您的吗？

顾客（开心地微笑着）：没有了，你们公司的服务真是不错，我以后发货肯定还选你们公司。

……

点评 微笑不仅是客服人员服务时的辅助工具，还是解决问题的工具。微笑能有效处理顾客投诉，消除顾客抱怨，变顾客不满为满意。

沟通技巧 ▶▶

★只要客服人员真正理顺主客关系，从思想深处认识到顾客是衣食父母、是值得感谢的人，面对顾客时微笑便不再困难。

★调整好心态，想想自己作为顾客享受其他客服人员服务时的情景，就会明白微笑服务的重要性，从而找到心理平衡。

★学会调整情绪，不要把自己在生活中的不良情绪带到工作中，无论心情多么不好，工作中要永远保持开心的微笑。

情景006　热情"三到"

很多企业对客服人员表现热情的程度有硬性的要求，热情"三到"就是比较常见的一种，所谓"三到"指的是眼到、口到、意到。眼睛是心灵的窗户，客服人员看到顾客时首先要通过眼睛传达情意；口到是要求客服人员用热情的语言和顾客交流；意到则是全方位的，重点是面部表情和肢体动作的协调，以优美的姿态向顾客展示热情。

（某咨询公司，有顾客拜访，前台客服人员接待。）

客服人员（友善地注视着对方）：您好，欢迎光临！请问有什么能帮助您的？

顾客：我找高老师咨询一个问题。

客服人员（右手向前做邀请姿势，然后在前带路）：哦，好的，请跟我来。

顾客：谢谢。

客服人员（边走边侧身回头和顾客轻声交谈）：请问您预约的几点？

顾客：3点。

客服人员（到休息区，面带甜美微笑）：哦，好的，请您稍等，先坐在这里休息会儿，我给您倒杯水。

……

点评　客服人员通过眼、口、手和表情等的完美结合，向顾客传达情意，热情地为顾客提供服务。"热情"不仅要求客服人员在心态上将顾客摆在一个较高的位置，更重要的是身体各部位完美协调，真正把热情展示给顾客。

沟通技巧 ▶▶ ....

★客服人员眼看顾客时，要注意热情友善，不能扫描，不能全方位透视。要注意注视的部位，不能俯视，要平视和仰视，要正面看而不要侧面看。应合理把握注视的时间。

★和顾客说话时要用文明用语。

★保持表情和顾客的互动，不能面无表情；同时肢体动作和语言相协调，
给人以美感。

情景007 全力以赴

客服人员全力以赴地为顾客提供服务，也是体现热情的一种方式。当顾客提
出要求时，只要客服人员力所能及，便不要推脱，职业而高效地为顾客服务，这
是优秀客服人员的必备素质。

（一天下午，某证券营业部，业务繁忙，一位顾客来电。）

顾客：我转的五万元钱到了没有？

客服人员（一边说话一边查找）：请稍等，唔……还没有呢。

顾客：不会吧，我已经转账很长时间了呀，怎么还没到？

客服人员：那可能要到财务部查，我这边的系统里暂时还没有显示。我把财
务部的电话给您吧，您拨打×××。

顾客（着急地）：我急得很，下午要入市，没时间打电话查询。还有，你们网
上能看到账户和交易情况吗？我该怎么操作？

客服人员：您别着急，我马上帮您到财务部去查，然后我再告诉您网上交易
的下载及操作方法，保证不会耽误您的大事。

顾客：那我就放心了，谢谢你。

（客服人员挂了电话，马上到财务部帮顾客查完转账情况并给顾客回了电话，
最后顾客对客服人员的服务很满意并做了好评。）

点评

"去财务部查询"的事情本属于客服人员可做可不做的范围，但客服人
员并没有找借口推脱，而是在顾客提出要求后马上承担下来并迅速处理，赢得了
顾客的好评。

像这样的情况很普遍，有些事情严格意义上并不明确是否属于客服人员的服
务范围，客服人员这时应本着热情的原则，站在顾客的立场上想方设法为顾客排
忧解难，赢得顾客的认可。

沟通技巧 ▶

★客服人员发扬专业精神，准确、高效地为顾客服务，也是热情的一种

表现。

★不推脱顾客的服务要求，全力以赴、尽自己所能为顾客提供一切服务，可以赢得顾客的认可。

情景008 积极主动

积极主动是热情服务的又一种表现，也是客服人员服务欲望的体现。只有端正心态，从内心深处认识到顾客的重要性，客服人员才能从容地表现出积极主动来。

客服人员甲：您好，××公司售后服务部，请问有什么能帮助您的？

顾客：你好，我们的打印机出问题了，打出来的文件很模糊，不清楚。

客服人员甲：哦，您什么时候买的打印机啊？还在保修期内吗？

顾客：在保修期内，才买了半年，你们不是一年之内都提供上门维修服务吗？

客服人员甲：是啊，不过我们的打印机一般是不会出现这种问题的，是不是你们操作不当，或者是温度太高啊？

顾客：没有啊，一直都好好的，今天它突然就成这样了。

客服人员甲：那您就换墨盒吧，应该是墨盒的问题。

顾客：你能确定是墨盒的问题吗？要是我换了墨盒还不能解决问题怎么办？你负责吗？

客服人员甲：这我也说不好了，我又不是搞维修的，也没亲眼见过打印机到底出了什么问题。您还是自己想想办法吧，多试试说不定就好了。

顾客：你为什么不赶紧派人给我维修呀？你们不是承诺售后一年之内提供上门维修服务的吗？

客服人员甲：我们的维修人员都出去了，最近很忙！要不您就等等吧，哪天有时间了再去给您修。

顾客：天哪！你们这是什么服务啊？我要投诉你！

（不久，电话铃响，客服人员乙打来了电话。）

客服人员乙：您好，我是××公司售后服务部的客服人员×××，刚才听我同事说了您的事情，非常抱歉，现在由我来为您服务，好吗？

顾客：哼，我正准备投诉你们呢，你们那个同事什么服务态度啊！

客服人员乙：对不起，非常抱歉，我一定全力解决您的问题，请问您购买打印机多久了？

顾客：才买了半年呀，怎么就坏了呢？

客服人员乙：哦，您不用着急，我们会给您提供维修服务的。为了提高派修的准确率，我先问您几个问题，好吗？

顾客：好的，你问吧。

客服人员乙：请问您是按照说明书上正确的操作方法使用这台打印机的吗？

顾客：肯定没问题，在这之前我都已经用了好几台了，操作方法当然不会错。

客服人员乙：哦，再提醒您一下，墨盒里的墨快用完的时候也可能出现这种情况，您确定不是需要加墨的问题吧？

顾客：不是，才加过没几天。

客服人员乙：好的，我明白了。先生，您的打印机还在免费维修期内，我们将为您提供上门维修服务。但是特别抱歉的是，最近因为一个大项目，我们维修部的同事全都出去了，真的非常抱歉！但是我们会在最快的时间内为您维修的。

顾客：怎么这样啊？可是我这边还等着用呢。

客服人员乙：真的很不好意思，影响了您的使用，我们现在确实是出现了特殊情况，请您谅解，对不起！

顾客：那具体得多长时间呀？

客服人员乙：目前我也说不准，但我可以向您保证，在星期四之前肯定能上门为您维修。

顾客：那好吧，你们快点吧！

客服人员乙：好的，谢谢您对我工作的支持。

……

点评 客服人员甲最初就试图找顾客的问题，为自己推脱责任，最后甚至说"让顾客等着，有时间了再去修"，他把维修服务当成了对顾客施舍的一点儿小恩惠。这样的服务态度是极不可取的，它造成的负面影响会特别大，直接威胁到企业的生存。对比客服人员乙跟顾客的沟通，并没有增加企业的成本，也是推迟时间上门维修，却赢得了顾客的好感。

沟通技巧 ▶▶ ··

★积极主动是客服人员服务欲望的表现，就是告诉顾客"我愿意，我很高兴为您服务！"

★积极主动要通过行为来体现，客服人员切忌积极承诺而不积极兑现。

第3节　有诚信

诚信是企业的立身之本，更是客服人员在职场取胜不可缺少的美德。不求回报的诚信，总能获得意想不到的回报。

情景009　诚实

一名不擅于跑的士兵在一次越野比赛中掉队了，他孤零零地一个人跑着。转过了几道弯，遇到了一个岔路口，一条路，标明是军官跑的；另一条路，标明是士兵跑的。他停顿了一下，然后朝着士兵的小路跑去。没想到过了半个小时后到达终点，他名列第一。他感到很不可思议，因为之前他在长跑中还从未取得过名次。

过了几个钟头，大批人马到了，他们跑得筋疲力尽，看见那名士兵赢得了胜利，也觉得奇怪。后来大家突然醒悟过来，发现在岔路口的诚实是多么重要。

这个故事形象地告诉了我们在生活中诚实的重要性，而对于客服人员来说，诚实的作用更是有过之而无不及。

顾客：我家的电冰箱坏了，你们到底管不管啊？

客服人员：××女士，您好！关于您的问题是这样的，我们已经派修了，维修人员将在三天之内上门为您维修。

顾客：你昨天告诉我下午会有人上门维修，害得我在家里白等了一天。怎么现在又变卦了，成了三天之内了？

客服人员：实在不好意思，可能是您听错了，我们的维修人员是三天之内上门维修的。

顾客：你开玩笑吧，我会听错？三天之内，我冰箱里的东西都化了，你给我赔吗？看看你们公司生产的冰箱才用多长时间就坏了，你们就知道欺骗消费者。

客服人员：对不起，我立刻给您安排人员上门维修吧！

顾客：我不相信你的话了，我现在问你，你说昨天下午有人上门维修，为什么没来？

客服人员：对不起，我们维修部的同事最近工作忙，昨天没能为您上门服务。

顾客：你刚才不是说我听错了吗？现在怎么又说是你们人忙了。既然你们没人修，冰箱又那么容易坏，那就不要卖给别人！我不和你废话了，叫你们经理接电话，我要投诉！

客服人员：这件事情是我负责的，我们经理来了也是这么回答您。

顾客：赶紧叫你们经理接电话……

点评 客服人员欺骗了顾客，还企图蒙混过关，导致顾客勃然大怒。该客服人员的行为使问题转化成了矛盾。其实这本来只是一个小问题，试想如果这名客服人员能够及时给顾客打电话道歉，重新约个时间，不要等着顾客来兴师问罪，也许就不会产生上述不快的结果。

沟通技巧 ▶▶

★客服人员做不到的事情不要盲目向顾客承诺，应该诚实地向顾客说明具体情况，争取谅解。

★诚实不能等于"说老实话"，诚实需要智慧，有些"老实话"是顾客不愿意听到的，客服人员应避开或委婉表达。

情景010 守信

信用既是无形的力量，又是有形的财富，还是连接友谊的纽带，一个人只有做到守信，才能得到他人的尊敬。客服人员更要严格要求自己，做到言必行、行必果，只有这样，才能得到顾客的认同。

客服人员：您好，欢迎致电××公司客户服务部，请问有什么能够帮助您的？

顾客：我们采购的锅炉设备是今天发货吧，什么时候能到？

客服人员：请告诉我订单号，我查一下。

顾客：我的订单号是×××。

客服人员：谢谢，……是的，是今天下午发货，预计明天早上9：00左右能到货，我们的安装工程师也将和设备同时到达，指导安装。

顾客：好的，谢谢。

（1个小时后）

客服人员：您好，是××公司吗？请转接贵公司采购部的王经理。

顾客：我是王经理，你好，有什么事情吗？

客服人员：您好，我是××公司的客服人员，关于贵公司采购的那批设备，情况有些变化。

顾客：怎么了？

客服人员：实在不好意思，因为我们公司的安装工程师给另外一个客户的安装工作延迟，因此明天早上将无法赶到贵公司指导安装，我对此表示抱歉。

顾客：你刚才不是和我们说的明天早上9：00吗，怎么又变卦了。

客服人员：实在对不起，我们也是刚才得到消息，所以赶紧和您联系，希望不要因此给贵公司带来损失。

顾客：那你们的人具体什么时候能来呀？我们这边也好安排啊。

客服人员：我郑重向您保证，我们公司的安装工程师最晚于明天下午两点之前会赶到贵公司，希望您能谅解由此给你们带来的不便。

顾客：呵呵！那就好，只要明天下午能来就可以了，你们公司的服务还真不错。

点评　客服人员尽管失信于顾客，但他在发现问题的第一时间就与顾客取得了联系，向顾客道歉，提出了新的解决方案，最终得到了顾客的谅解。

"守信"是一种服务态度，客服人员应时刻铭记自己给顾客的承诺，想方设法尽其所能不失信于顾客。因为周围环境的改变等客观原因，当客服人员无法兑现承诺时，应马上向顾客解释并做出补救措施，这样的行为会得到顾客的谅解。

沟通技巧 ▶▶ ··

★既然做了承诺，就一定要设法兑现，不要失信于顾客。

★如果即使努力也无法实现承诺，客服人员应主动向顾客做出解释，请求谅解，并提出补救方案。

★守信，应从"守时"做起，生活中最常见的"失信"就是"不守时"。

第4节 有尊重

很多企业比较短视，在产品销售出去之前对顾客尊重有加，可一旦产品销售出去之后就对顾客变得冷淡起来，这样的态度是不可取的。每个人都需要尊重，都需要获得别人的认同。尤其是客服人员，作为企业和顾客沟通的纽带，一定要尊重顾客，才能赢得顾客的好感。

情景011 尊敬

既然把顾客比作上帝，那客服人员在对待顾客时，就应该虔诚、恭敬，避免和顾客消极对抗。

小刘的笔记本电脑坏了，就到该品牌电脑的售后服务店去维修。当他带着电脑走进大厅时，他看见前台有一个很漂亮的女服务员坐在前台的电脑前，可能是正在和网友聊天或者玩游戏，神采飞扬，时而发出"咯咯"的笑声。

小刘走上去说："我电脑坏了，来送修。"他连续说了两遍，客服人员才听到，不耐烦地说："等会儿，忙着呢！"小刘等了十分钟左右，客服人员终于忙完了，然后从里面飞出一张纸，说："填单子吧！"等小刘填完了维修单，发现客服人员又在忙了，他叫了几声都没应。小刘很生气，就大喊了一声，这时客服人员才懒懒地抬起了头，说："填完了，放那儿吧，电脑也放下。"小刘说："哦，那什么时候能修好啊？"客服人员说："回去等电话吧，修好了会通知你的。"

小刘放下电脑，很郁闷地走出大厅，一边走一边嘟囔："我以后再也不买××牌子的东西了！"

点评 客服人员眼里根本没有顾客，她完全没有服务的意识。这样的服务态度必然会引起顾客的极端失望，最终造成顾客流失。

沟通技巧 ▶▶

★客服人员要将心态调整好，从内心对顾客的感激会让尊敬感自然流露。

★客服人员要对所有顾客一视同仁，过分谄媚大客户及老顾客，会让其他顾客认为自己不受尊敬。

情景012 重视

企业只有重视顾客才能获得生存，因为重视顾客是吸引新顾客和留住老顾客的有力武器。客服人员的职责是为顾客服务，让顾客满意，因此客服人员重视顾客就是重视工作的表现。

顾客：喂，你好。

客服人员：您好，请问您是王先生吗？

顾客：是的，你是哪位？

客服人员：我是××公司的客服人员××，昨天您曾经打电话向我们反映，您购买的一本图书出现了缺页的现象，是这样吧？

顾客：是的。

客服人员：对于昨天没能立即解决问题我表示非常抱歉，王先生，不过今天有了好消息，我们在和出版社以及发行商取得了联系之后，得知还有未售完的新书，我们现在可以给您调换了。

顾客：其实不用那么麻烦，反正就缺一页，问题不大，你们那边既然卖完了就用不着这么兴师动众了。

客服人员：谢谢您，王先生，但是图书出现质量问题就应该由我们负责。麻烦您将原书寄回我们公司，运费由我们来承担，我们在收到图书后会尽快将新书给您寄出，并为了向您表示我们的歉意，将随书附赠精美小礼品一件，希望您能喜欢。

顾客：好吧，你们的地址是？

客服人员：××××。

顾客：你们的服务还真不错，昨天打电话的时候你们说没有新书了、暂时换不了，我都以为你们可能不管了。

客服人员：不会的，王先生，我们肯定会负责到底的。

……

点评 客服人员尽管因为客观原因在第一次沟通中没能帮助顾客解决问题，但他在积极寻求到可行方案之后马上与顾客联系，体现了对顾客的重视，得到了顾客的好评。

"水能载舟，亦能覆舟"，顾客是企业生存的依赖，只有对顾客足够重视，企业才能向更远的目标航行；反之，如果冷漠面对顾客的需求、问题及抱怨，顾客就会对企业失去信任。因此，客服人员作为企业与顾客沟通的桥梁，一定要从内心树立重视顾客的观念。

沟通技巧 ▶▶ ··

★ 客服人员不能短视，不能只重视新顾客，事实上，那些忠诚的老顾客和暂时没有购买意向的潜在顾客都应该得到同等重视。

★ 让顾客认为自己享受到了与众不同的待遇，是赢得顾客忠诚度的好方法，往往通过一句话或者一个小礼品就能实现。

第5节 有责任

企业对顾客的责任是提供良好的产品或者服务。客服人员作为服务的执行者，其责任就是为顾客提供良好的服务，客服人员在工作中必须明确自己的责任，尽心尽力地为顾客解决问题。

情景 013 负责

负责就是要求客服人员积极采取行动，解决对客服务中出现的问题，主动承担责任；即使不是因为自己的错误造成的问题，也要立即采取行动帮助顾客解决，而不是先追究责任。

（某超市服务台，有顾客要求退货。）

顾客：我这件衣服上面破了一个小洞，你帮我退了吧。

客服人员：我看看，您什么时候买的呀？

顾客：昨天买的，回去以后发现有问题，所以今天早上就过来了。

客服人员：哦，那不能退了。

顾客：为什么呀？

客服人员：您都带回家、穿过了，我们就不能给您退了呀。

顾客：你们怎么这样啊？"三包规定"里不是说"在购买七日内，如出现质量问题可以退换"的吗？

客服人员：您这不属于质量问题，这是人为损坏的。

顾客：这不是我损坏的，你不能让我花钱买个破衣服吧？

客服人员：那就怪您买的时候没仔细看好，反正不是我们超市的人损坏的，您找厂家吧，看人家退不退。

顾客：……

点评　客服人员根本就没有为顾客提供良好服务的心态，而是从一开始便推卸责任，最后甚至让顾客"找厂家去吧"，这样不负责任的表现只会让顾客对企业彻底失去信心。

沟通技巧 ▶▶ ··

★不要推卸责任，如果做错了事情就要给顾客交代。

★勇于承担责任，即使不是因为自己的错误造成的问题，也能立即采取
　行动为顾客解决问题。

★不要害怕万一出现了差错要自己承担责任，而拒绝为顾客提供服务。

情景014　耐心

耐心为顾客服务，也是客服人员的一项比较重要的责任。客服人员工作时，要明确自己的责任就是为顾客服务，让顾客满意。

（某超市客户服务台，一位顾客怒气冲冲地走过来，大声地责骂。）

顾客：你们这是什么超市啊？就知道赚黑心钱，你们把顾客当成什么了？你们这样的超市就该倒闭。

客服人员（不慌不忙，诚恳地）：不好意思，一定是我们哪些方面没有做好，才让您这么生气，请您不要激动，告诉我到底发生了什么事情，好吗？

顾客：你们没有做好？我看你们就是故意的，我的包就是被你们的人偷走了！

客服人员（诚恳地）：您的包丢了是吗？发生这样的事情真是太不应该了，请您告诉我具体的细节，我们争取帮您找回来，好吗？

顾客：哼！我告诉你吧，我进去买东西，包就存在你们的存物柜里，等我出来拿的时候发现包没有了，柜门大开着。旁边站俩保安，我不相信有外人敢去偷，肯定是你们自己人干的，幸好我的包里没什么值钱的东西，不过我今天也和你们没完，我要让所有人都知道你们这儿是个什么样的超市。

客服人员：您别着急，我们一定会尽力帮您把包找回来。请告诉我您存包的柜子编号吧！

顾客：128号！我倒要看看你们会不会真帮我找回来。

客服人员（带顾客走向存物柜）：A组的128号果然是打开的呀！请您把存包的号码牌给我吧，我确认一下是A组的还是B组的。

顾客（心里犯嘀咕了）：啊，还分A、B组，别是我搞错了吧？

客服人员（带着顾客转到后面，用号码牌打开了B组的128号）：女士，请看看这个是您的包吗？

顾客（羞红满面）：啊！是我的包呀，真不好意思，没想到有两组柜子呢，我看那边的128号门开着，就以为我的包丢了，误会你们了，真对不起！对不起！

客服人员：没关系，人都会不小心犯错误的嘛！

顾客：说的是呀！我今天就是太不仔细了，以为包丢了，一着急就糊涂了，姑娘，你可千万别在意呀！

客服人员：怎么会呢，我们的职责就是帮助顾客排忧解难，只要您满意了我们就高兴！

顾客：哎呦，你真会说话！你们的服务可真好，以后买东西还来你们这里，心里踏实！

客服人员：欢迎下次再来！

点评　面对顾客来势汹汹的责问，客服人员不慌不忙，顶住压力，耐心和顾客沟通，了解了事情的经过，才发现是一个小小的误会。最终成功帮助顾客解决了问题，给顾客留下了良好的印象。

沟通技巧 ▶▶ ·······

★不要因为受到责问而生气，客服人员耐心解释、询问原因是处理顾客愤怒的有力武器。

★不论顾客的态度如何，客服人员都不要失去耐心而影响服务质量。不要表现出丝毫的烦躁不安或对顾客的不屑。

情景015　细致

"细致"也是客服人员必须具备的服务态度，客服人员有责任用细致入微的服务帮助顾客解决问题。因为粗心而引起的问题，应由客服人员承担责任。

客服人员：您好，××公司客户服务部，请问您需要什么帮助？

顾客：你好，我要找你们公司的27号客服人员。

客服人员：嗯，我就是，您是哪位？

顾客：不记得我了呀？三天前我给你打电话咨询问题，你说昨天给我回电话的，可我昨天等了一天也没接到你的电话呀！

客服人员：啊！是×××先生吧？

顾客：难得呀，还记得我！

客服人员：真的对不起啊，我把您的事情给忘记了，昨天忘记了给您回电话，真是抱歉！

顾客：算了！你没回电话的事我就不计较了，那你现在告诉我答案吧，关于我咨询你的那个问题！

客服人员：真是对不起，我忘记去查找资料，这个问题我还是给不了您答案，不好意思！

顾客：啊？你不但没回电话，而且根本就没管我的问题啊！你也太不负责任了，我要投诉你！

……

点评　由于客服人员的不细致，忘记了给顾客的承诺，没有尽到责任，引起了顾客的强烈不满。

沟通技巧 ▶ ⋯⋯⋯⋯⋯⋯⋯⋯⋯⋯⋯⋯⋯⋯⋯⋯⋯⋯⋯⋯⋯⋯⋯⋯⋯⋯⋯⋯⋯⋯⋯⋯⋯⋯⋯⋯⋯⋯

★和顾客沟通中客服人员要细致入微地了解每一个细节，也许对一个小问题的处理就能带来意想不到的服务效果。

★客服人员和顾客沟通时要细心观察，掌握顾客的情绪变化，学会照顾顾客的情绪，控制现场气氛。

第6节　有自信

客服人员是代表企业与顾客沟通的，承担着为顾客解决问题、塑造企业良好形象的重任，那么客服人员所传达给顾客的应该是一个充满自信的声音，带给客户信任感和满足感。

充满自信是客服人员需要掌握的第一项沟通策略。

情景016　声音传达自信

无论是在电话中为顾客答疑，还是回访时与顾客面谈，客服人员都应该以喜悦的心情、悦耳的声音和柔和的语调与顾客沟通，让顾客感觉到亲切与活力，这样，事情也就好解决了。

客服人员（温和，甜美）：您好，这里是××公司客服部，请问有什么可以帮助您的？

顾客（气愤）：你们的业务员真差劲，没和他合作的时候热情着呢，三天两头打电话找我。等和他签完合同，有事都找不到他！

客服人员：您先别生气，发生这样的情况真的很对不起。是什么事情让您这么着急？

顾客（急躁）：你说我能不着急吗？我已经过了缴费日期两天了，可我怎么都找不到缴费存折了，刚才我给那个业务员打电话，可怎么也打不通。再说，他也不事先提醒我一下。

客服人员（友好、热情）：您别着急，没有关系。由于我们没有做好工作给您带来的麻烦，我代表公司向您致歉。关于缴费，有两个月的宽限期，自缴费之日起60天内您都可以交费，不会收您滞纳金的，您放心吧。

顾客（惊喜）：是这样吗？真的？当初那个业务员没有说过呀，我还怕交晚了会有滞纳金呢！

客服人员（坚定地）：没错，您放心好了。

顾客（语气缓和下来）：那这事怎么解决呢？

客服人员（温和而坚定）：有两种解决方式。一是找当初与您签合同的业务员办理，二是到我们公司网站下载缴费账户变更单，您填好后邮寄给我们公司客服部即可。

顾客（为对方着想）：那万一邮丢了怎么办？既影响了我缴费，也给你们的工作带来麻烦。

客服人员：谢谢您能为我们着想。

顾客：我还是找那名业务员吧。你能查到他还做不做这个业务吗？

客服人员：我帮您查查。他叫什么名字？

顾客：××。

客服人员：哦，这个人已经离职了。实在抱歉，我们没有及时安排其他人接替工作。不过，以后如果这个人再跟您联系我们公司的业务您就不要再理他了。另外，我稍后会与营业部门联系，重新安排业务员与您联系。

顾客（感谢、感激）：好，也谢谢你，姑娘。

客服人员：不客气。以后您有什么事可随时拨打我们的客服热线，不用那么着急、生气。

顾客：好，好！

点评 案例中的客服人员通过自己温和、热情、坚定的声音使顾客的火气消了，问题也解决了，顾客对该公司的服务印象也由不好转变到了好，一举多得。

沟通技巧 ▶▶ ···

★ 无论是电话沟通，还是面谈，客服人员都要语调平稳柔和，最好面带微笑地与对方沟通，这样可使声音更为友好、热情、自信。

★ 尤其是电话沟通，客服人员最好抱着"对方看着我"的心态去应对，这样自己就会坐姿端正，所发出的声音也会亲切、悦耳、充满活力，欢快的语调也会感染顾客，更容易赢得顾客的信任。

情景017　专业显示自信

专业显示自信，自信源于专业。一个得体的问答、一个流畅的问题解决过程、一个成功化解客户抱怨的流程等，都能给顾客留下一个专业性强的印象，赢得顾客的尊重。

客服人员：您好，这里是××公司客服部，请问有什么可以帮助您？

顾客：我想买一盒防晒霜，请问防晒霜的防晒指数一般有哪些？

客服人员：目前市面上的防晒产品，防晒指数有15、20、30和40的，防晒指数越高，防晒能力也就越强。

顾客：我后天就要随公司去海南旅游，时间紧张，没有时间去商场购买。怎么在你们这里直接购买呢？

客服人员：您先在我们的网站上注册，选定防晒产品后提交订单……

顾客：好的，你讲得真清楚啊！

客服人员：另外，您要在海边使用，最好选防晒指数20以上的。

顾客：好的，谢谢。还有，我今天提交订单，明天下午5点之前能送到吗？

客服人员：您在什么位置？

顾客：我在××路××写字楼A座1003室。

客服人员：好，没有问题。我会特别提醒发货人员留意您的订单，请快递人员务必于明天下午送到您那里。

顾客：非常感谢，太谢谢了！

点评　案例中，客服人员清晰地解释了顾客对产品的疑问，并告知客户网上购物的流程，还根据客户的实际情况给予特别对待，处处体现了其专业性及尽职的责任感，不但赢得了顾客的好感，也可能为公司赢得了一个忠实的客户。

沟通技巧 ▶▶

★自信源于你的专业能力。客服人员在工作中可能会担当很多角色，如咨询员、服务员、销售员、调解员等，要想胜任自己的工作，就要从各方面充实、完善自己，给顾客留下"专业水平、值得信赖"的感觉。

★要想做到专业，客服人员在上岗前就应做足功课，除参加企业组织的
有关培训外，还要积极学习有关行业知识、产品知识和技术知识等，
平时对其他领域的知识也要有广泛的涉猎，这样才能让你工作起来得
心应手、充满自信。

情景018　冷静彰显自信

客服人员每天会遇到各种类型的人，素质高的、素质低的、脾气温和的、脾
气火爆的，同样也会遇到千奇百怪的问题，不论怎样，客服人员都要冷静对待，
反之，则可能使矛盾升级，影响企业形象。

客服人员：您好，这里是××公司客服部，请问您需要什么帮助？

顾客（气急败坏）：你们的发货环节是怎么管理的？

客服人员：您别着急，慢慢说！

顾客（气愤）：还慢慢说，都快被你们气死了。我前天就已经下了订单，在你
们网站上买了5本书，写的是加急订单，可现在已经3天了，还没收到。你们不
是承诺24小时内送到吗？不能兑现承诺，你们承诺它干嘛？我急用这几本书，可
就是迟迟不来。问了你们客服两次，都说已经发货，帮助查询一下，但是迟迟没
有反馈。你们搞什么呢？

客服人员（温和）：您别生气，我理解您的心情，发生这样的事情，我首先要
向您道歉。您告诉我订单号，我帮您查一下。

顾客（余怒未消）：好的。×××××××。

客服人员：您稍等。您好，这位先生，我已经查过了，订单显示确实已经发
货了。这样，我再帮您与快递公司联系一下，了解情况后给您打电话，您看可
以吗？

顾客：好的，快点儿，我很着急。

客服人员：好的，您稍等。

……

客服人员：先生，您好！我已经联系了快递公司。您购买的书确实在前天下
午就已经发到快递公司，但是负责您所在区域的快递员昨天上午在送货途中发生
了车祸住进医院。所以快递公司昨天很忙乱，耽误了给您送书。快递公司应该在
一小时之内就能把书送到，您再耐心等一下，好吗？

顾客：原来是这样啊。好的。麻烦你了。

客服人员：不客气。这次让您着急上火也有我们的责任，没有及时与您联系，再次向您道歉。另外，我查询了一下，您是我们的老客户了，经常在我们网站买书。

顾客：是啊。

客服人员：为了感谢您对我们的支持，我已经跟我们客服经理申请，送您15元的现金抵扣券，您下次再买书，就可以用它来消费了。

顾客：好的，谢谢！

客服人员：不客气，希望您一如既往地支持我们。以后您在购物过程中如有事情可随时和我们联系。

点评 客服人员不论遇到什么事情都要冷静、沉着应对。

沟通技巧 ▶▶ ··

★ 要做到遇事冷静，客服人员首先要有一个良好的心态：为顾客提供优质服务。这样在遇到态度不好、脾气不好的顾客时，客服人员就能以"为其解决问题"的心态面对，而不会因顾客的坏情绪致使自己方寸大乱。

★ 遇事要冷静对待，客服人员要养成良好的解决问题的习惯：认真倾听顾客陈述、分析其目的和需求、找出问题的症结所在、迅速做出反应、提出解决办法、征求顾客的意见等，最终目的就是使顾客满意。

★ 客服人员要有信心，相信自己能够为顾客解决问题，这种自信的直接表现就是：说话有力度、答复专业、不论发生什么事都能沉着应对。

情景019　肢体语言表现自信

一个人的神态举止能够反映他的内心状态，所以客服人员要注意自己的肢体语言，在顾客面前的每一个动作都带着自信的风采，这样既能展现自身的魅力，也能给顾客带来极大的好感。

（某日清晨，某证券营业厅。）

客服人员小王：早！

客服人员小美（笑容勉强，目光略带忧郁）：早！

（小王关切地询问出什么事了。原来小美昨晚和家人发生了争执。）

（开始营业了，有客户走进营业厅。）

客　户：你好。

客服人员小美（懒散地坐在椅子上，声音困倦，面无表情）：你好，要开户吗？

客　户（略显不满）：先看看。

客服人员小美（小声嘀咕）：这有什么好看的？

客　户（火冒三丈）：你神经病吧，大清早的找不自在。我招你惹你了？

客服人员小美（很委屈，同时火气也上来了）：怎么了，我说什么了，你至于嘛？

……

（另一位客服人员小王看在眼里，马上起身走到这位客户面前）

客服人员小王（面带微笑、神采飞扬）：您好！您别生气，她也是心情不好。请问有什么可以帮助您？

客　户：她心情不好别拿我撒气啊，大早晨的！

客服人员小王：您就别生气了。我们去那边说。

（说完，小王将客户引到大厅东南角，请客户坐下后自己才坐下）

客　户：我想咨询一下创业板的情况以及如何开户。

客服人员小王：是这样的。……

（对方明显感受到了客服人员的热情与友善，话匣子一下子就打开了，气氛越来越融洽……）

点评　沟通不只是语言。恰当的肢体语言同样能够让顾客感觉到客服人员的自信，给沟通增添顺畅因素。案例中，证券公司的两位客服人员的不同表现，产生了不同的结果。优美的肢体语言能让顾客在赏心悦目的同时感受到来自于客服人员的热情与真诚，服务的满意度自然会上一个层次。

沟通技巧 ▶▶ ....

★与顾客沟通时，客服人员要注意自己的肢体语言，因为它同样能够传达你的喜怒哀乐。

★ 面对顾客时，客服人员应有正确的站姿或坐姿，遵循必要的礼仪规范，传达给客户一种自信、热情的情绪。

★ 客服人员与顾客电话沟通时，虽然看不到对方，也要当做对方就在眼前，尽可能注意自己的仪态，在打电话的过程中绝不能吸烟、喝茶、吃东西，也不能懒散地坐在椅子上，因为这些懒散的行为对方是能够"听"出来的，进而使服务质量大打折扣，影响企业形象。

第7节 有准备

前文中已经提到，客服人员作为企业服务的提供者，在工作中可能会担当咨询员、调解员、传达人、销售员等多个角色。要想在每一次沟通中都能够做到让顾客满意，客服人员要做好充分的准备，包括思想上的、知识上的、语言上的准备等，让自己充实、丰富起来，那么工作也就能轻松、自然起来。

情景020 充分了解企业的各个方面

客服人员首先要做的准备工作就是，充分了解企业的背景、文化、产品等各方面的知识，这有助于专业地应对顾客。

（前段时间，笔者的一个朋友想买一台专业的录音设备，上网一搜，正好有一家公司的客服在线，就咨询了一下，下面是对话内容。）

顾客：您好，请问你们的设备和××品牌的有什么区别？

客服人员：您好，每个公司的产品从外观到内部结构与其他品牌都是有区别的。

顾客：你们的音频输入/输出通道和××品牌的明显不一样，能说一下你们的特点吗？

客服人员：效果更好。

顾客：你们产品有什么优势？

客服人员：产品性能好，质量过硬，售后服务更好。

顾客：看来你对产品并不了解！

客服人员：就算吧。

（到这里，笔者的朋友已经无语了。您说，他还能买这家公司的录音设备吗？）

点评 案例中，这名客服人员对自己公司的产品比顾客还外行。顾客有充足的理由怀疑该公司的技能培训和管理水平，也有理由不购买他们公司的产品。

沟通技巧 ▶▶

★要做好客服工作，客服人员上岗前应接受企业的相关培训，企业也应该提供这样的岗前培训，这是一举多得的事情。

★培训的内容应包括客服人员的职业素质、沟通技巧、企业的各个方面相关情况，如企业的历史、产品品类、品牌及各品牌的诉求差异、企业的服务项目、一般业务处理流程、竞争对手的有关情况等。

★客服人员应该积极学习、了解和自己工作相关的内容，以免被顾客问得哑口无言或者草率应对，给人不专业、企业管理差的坏印象，进而影响企业的声誉及业绩。另外，客服人员平时还应多关注和自己工作相关的新闻、行业发展动态等，增强自己的职场竞争力。

情景021 准备各类问题及应对语言

客服人员在上岗之前，就要学习自己可能会遇到的问题及应对方法，以做到有备无患；否则，"临时抱佛脚"会造成不必要的损失。

（在某品牌电脑的北京售后服务点，发生了下面的场景）

顾客：我有些问题需要你们处理一下！

客服人员：先生，您说，有什么可以帮您的？

顾客：我买你们的笔记本电脑已经快一年了，最近我发现显示器的边框裂开了。你们的电脑是三年保修，所以，我想看看你们如何解决？

客服人员：您是指显示器边框裂开了？

顾客：是的。

客服人员：电脑摔过吗？

顾客：我的电脑根本没有摔过和撞过，是它自动裂开的。

客服人员：那不可能。我们的电脑都是经过质量检测的，不可能裂开。

顾客：但它确实是自己裂开的，你们怎么能这样对我？

客服人员：很对不起，显示器是不在三年保修范围内的，这一点在购买协议中写得很清楚。

顾客：那我的电脑怎么办呢？

客服人员：很抱歉，我不能帮您。请问还有什么需要帮助的吗？

顾客：我要投诉！我要投诉！（说完，转身离开了这位客服人员的座位）

（再看看另一位客服人员是如何应对的）

客服人员：您好，您别生气，我能帮您吗？

顾客：是这样，我的笔记本电脑使用快一年了，前几天我发现显示屏的边框裂了，刚才你们这位同事说没办法保修，而且态度不好。你们怎么能这样对待客户？

客服人员：哎呀，先生，您别生气。显示屏的边框裂了？裂到什么程度了，影不影响您使用？

顾客：裂得倒不是很大，有一条半厘米的小裂痕。倒是还可以用，只是我得用胶布粘它，以防裂得更大，也不美观。

客服人员：那还好。不过，现在对您来讲确实是件不好的事，我可以理解您的心情，换成我，我也会不好受。

顾客：那你说该怎么办？

客服人员：先生，我知道您的电脑在没有外力碰撞的情况下边框裂开。我真的很想帮您。只是在计算机行业中，对于显示器的类似问题，各个企业都不在保修范围之内。我想这一点您是理解的，对不对？

顾客：其实坦率来讲，我并不是真的想让你们修或换，我只是希望你们能给我一个说法。没想到你的同事态度这么不好。

客服人员：先生，对于您刚才的不愉快，我感到十分抱歉。只是，请您相信我们，我们是站在顾客的立场上为顾客解决问题的。对于边框，我倒有个建议。因为边框是塑料的，现在有一些强力胶是可以粘的，所以，您可以试试用胶水粘一下，效果要比用胶布好。好不好？

顾客：那我回去试试。

客服人员：您看还有什么问题吗？以后有什么问题，您可以随时打电话给我，大老远的就不用亲自跑一趟了。这是我的名片。

顾客：谢谢！再见！

点评 同一位顾客，同样的事情，两名客服人员的解决方法、应对语言不同，最后的结果也就不同。客服人员的工作职责就是为顾客提供服务、排忧解难，而不能像案例中第一位客服人员那样，给顾客带来了更大的烦恼。

沟通技巧 ▶▶ ···

★如何才能灵活应对顾客的各种问题呢？客服人员最好在学习企业的各方面知识的同时，提出一些问题，并与同事、培训老师商讨最佳答案，做好记录，熟记于心。

★客服人员在日常工作中要不断积累问题，与同事共同做好应对答案，熟记于心并在同事间推广。

★值得注意的是：同样的问题，针对不同的顾客，应对语言、解决问题的方式可能会有所不同，客服人员在实际工作中，要灵活运用应对答案。

★如果客服人员想与顾客沟通自如，有以下两个方法：自己在家里对着镜子练，注意自己的语气和语调；和同事进行情景演练，找出不足，及时改进。

第8节 有策略

乔·吉拉德被誉为"世界汽车推销之王"，他以连续12年平均每天销售6辆汽车的成绩创下一项吉尼斯世界纪录。在他的成功经验中，经常被提起的是：学会做一名好的听众。

事实确实如此，每个人在表达的时候，都希望对方认真倾听。客服人员也要注意聆听顾客的谈话，否则就会引起顾客的不满，其后果无疑不利于企业和自己的工作。

情景022 关注顾客的一言一行

少说多听的重点在于多听，听是一门艺术，对于客服人员来说更是一种技能。客服人员要学会听懂顾客的一言一行，时刻关注他们的需求。

（在某商场的客服中心，客服人员小周注意到：有一位大妈手里拿着一件衣服在那里转来转去，走近服务台，不知何故转身又走了，小周看在眼里，追了上来。）

客服人员：您好，大妈！您有什么事吗？

顾客（看了一眼客服人员，脸红了）：没什么，嗯……

客服人员（热情地）：没关系，您说吧，我一定会尽力的！

顾客：是这样的，这件衣服是我女儿在上海给我买的。可是我穿着稍微有点瘦。人老了，喜欢穿宽松的衣服。所以我就让女儿联系了一下，看能不能换。女儿来电话说：厂家的客服人员已经和这个品牌北京店联系好了，给我换。这个品牌就在咱们商场，可我转了两圈都没找到。你看，就这牌子……英文的，我也不认识！

客服人员：原来是这么回事啊。大妈，您别着急，跟我来吧。

（说完，客服人员小周带着大妈找到那个品牌的卖场，与导购员沟通了一下后，办理了换货手续。大妈高高兴兴地走了，临走还不忘说："姑娘，有空到我家来玩啊！"）

点评 客服人员在与顾客的沟通中要全神贯注，注意顾客的一言一行。像案例中的商场客服人员，看到顾客有麻烦，主动上前询问，在认真倾听顾客的叙述后，迅速做出反应，帮助其完成了换衣服的需求，赢得了顾客的好感。通过这位顾客的口碑宣传，商场的服务信誉自然会有所提升。

沟通技巧 ▶▶ ··

★商场、超市、物业公司等类型企业的客服人员，直接面对客户的机会比较多，这就要求客服人员在工作中眼观六路、耳听八方，随时关注自己身边发生的情况，主动为顾客提供服务，并在与顾客沟通的过程中，认真倾听顾客的叙述，尽量不打断对方的讲话，并不时做出回应。

★对于通过电话、网络为顾客提供服务的客服人员，就要在沟通中重点
关注对方的陈述内容、语气和音调，进而判断顾客的情绪、期望和要
求等，以便做出正确判断，提供符合顾客期待的服务，提升顾客对服
务的满意度。

情景023 满足顾客表达的欲望

每个人都有表达的欲望，顾客自然也不例外，所以客服人员在工作中要优先
满足顾客的表达欲望，这对接下来的工作会大有帮助。

（某超市的客户服务台，一位顾客走了过来）

顾客：看看，你们卖的这是什么商品？

（说着，这位顾客从兜里掏出一袋腰果）

客服人员：您好，您别着急，慢慢说。

顾客：你们看看，这东西这么贵，可吃到嘴里又苦又辣！（从袋里拿出一个已
经有点发霉的腰果）这是昨天我给我母亲买的，可是这怎么吃呀？别人知道了还
以为我虐待老人呢？幸好是我自己的妈妈！……现在商家真是昧良心赚钱啊。看
看，还在保质期内呢就坏了！只能说明厂家有问题。不过，你们也有责任，进货
的时候也不好好检验检验，还往货架上摆？这要吃坏了人，责任谁负呀！……

（这位顾客将自己一肚子话都倒了出来，客服人员在一旁认真听着，不时点一
下头。等顾客说完，才温和地跟顾客交谈起来）

客服人员：大姐，发生了这样的事情，实在抱歉。确实我们有责任，请您别
生气。您希望怎么解决呢？

顾客：你说吧！我能说了算吗？

客服人员：好。按照规定，将您购买这件商品的钱退给您，同时按这件商品
的原价赔偿给您钱，您看可以吗？

顾客：我可以接受。不过，我可得提醒你们，对每一件上架商品最好检查一
下再卖。否则，发生这样的事情，影响的是你们的声誉！

客服人员：您说的对。我会和营业部门反映，加强货品管理。

顾客：真应该好好管理一下。顾客是上帝嘛，把顾客得罪了，你们的货卖给
谁去？

客服人员：没错。您跟我到那边办理一下退货手续吧！

……

点评　在上述案例的整个过程中，买到发霉产品的顾客都在唠叨，将自己一肚子的话都说了出来，其中有气愤、有抱怨、有建议。超市客服人员始终耐心地倾听其叙述，待其冷静后提出了解决方案，使得顾客的情绪好转，积极配合了客服人员的工作。

沟通技巧 ▶▶

★客服人员在工作中要学会聆听客户谈话，并不时做出"我在听"的回应，充分满足客户的表达或者"发牢骚、发泄"的欲望。

★遇到能说的顾客或者有满腹牢骚想要发泄的顾客，客服人员应采取的策略就是让其充分表达，自己认真倾听、冷静对待，等待时机安抚顾客，并帮其解决问题，直到其满意。

★值得提醒的是：商场、超市、卖场等企业的客户服务中心一般都设在营业大厅，为了减少不良影响，防止围观，若有发泄牢骚、不满或投诉的顾客，客服人员应先安抚一下顾客，最好将其引到僻静处或办公室内，再让其叙述。

情景024　不要直指顾客的错误

每个人都有被认同、被尊重的心理，顾客也不例外。客服人员在与顾客沟通的过程中，除了要少说多听之外，遇到顾客言语有误时，尽量不要直接指出其错误，更不要卖弄自己的专业知识，以免给自己带来麻烦。

客服人员：您好，××公司客户服务部，请问有什么能够帮助您的？

顾客：你好，我的电脑运行速度特别慢，我怀疑是内存条的问题，因为昨天我朋友把他不用的一个内存条装在我电脑上了，后来电脑速度就很慢了。你说是不是这个原因呢？

客服人员：非常感谢您的信任。可能是这方面的原因，同时，我有另外一种看法，不知道您认为如何？

顾客：你说吧！

客服人员：您的电脑很可能中了病毒，您不妨把杀毒软件更新到最新，然后对电脑进行全盘扫描，看电脑是否中了病毒，好吗？

顾客：是这样啊。

客服人员：操作完成之后，您再试试，电脑的运行速度是否恢复正常了？如果有问题您再打电话给我，好吗？

顾客：好的。谢谢！

点评　上述案例中，顾客的说法也许是错的，但是客服人员没有直接说"您错了"，而是采用了迂回战术，用婉转的方式让顾客明白是自己错了。客服人员的这种方式不但解决了顾客的难题，也没有让其丢面子。

沟通的目的不是为了证明对方是错的、自己是对的。其实，事情无所谓对错，只有适不适合而已。

沟通技巧 ▶▶

★客服人员在与顾客沟通的过程中，尽量不要直接指出其错误，而是要站在顾客的角度，以顾客认同的方式与之交谈，从而博得其信任，这样一来自己的意见也易被对方采纳。

★沟通中，客服人员如果不赞同对方的看法时，不妨先仔细听他话中的真正意思。若要表达不同的意见，最好这样说：

我很感谢您的意见，我觉得这样非常好，同时，我有另一种看法，不知道您认为如何？

我赞同你的观点，同时……

切不可这样说：

你这样说是没错，但我认为应该……

我赞同你的观点，可是……或但是……

第9节　有立场

感同身受也是沟通中的重要策略之一，感同身受的前提就是客服人员站在顾客的角度考虑问题。让顾客感觉到被关注、被理解、被尊重，这样很容易取得顾客的信任，接下来的服务工作就会轻松很多，最终的效果也会好很多。

情景025 站在顾客立场想问题

感同身受的前提就是客服人员站在顾客的立场上想问题，只有转换立场、换位思考，才能真正感受到顾客的需求和困扰。

客服人员：您好，××公司客户服务部，请问我可以帮您什么？

顾客：我在你们网上购买了两件衣服，是准备在母亲节送给我妈妈的。可我刚刚收到快件，打开一看，里面只有一件衣服啊。这是怎么回事？我明明买了两件啊。

客服人员：这位女士，我理解您的心情，换了我也会很郁闷。您别着急，请告诉我您的订单号，我帮您查一下！

顾客：好的。我的订单号是×××××。

客服人员：好的，我帮您查一下，10分钟后给您打电话，好吗？

顾客：好的。

……

客服人员：×女士，您好，十分抱歉发生这样的事情。我刚才查了一下发货单。您看一下您手里的包裹，里面是不是有两个袋子，一个蓝色的和一个粉色的。

顾客：对，没错。只有那个粉色的袋子里有衣服，蓝色的袋子是空的。

客服人员：哦，是这样啊。当时确实给您发了两件衣服，或许是物流过程中发生了意外，衣服掉出来了，这个我们也没法控制。再次向您表示歉意。现在有三种解决办法：一是我们将钱退还给您；二是再给您寄一件同样的衣服；三是您再购买一件我们网站上的商品，以这件衣服的钱抵，多退少补。您觉得怎么样？

（这位顾客听完后，仔细查看了一下手里的快递单，上面货物说明栏中确实写着：蓝色袋和粉色袋内各有一件衣服。到此，她非常感动，虽然自己没有及时拿到购买的衣服，但是确实不是对方的责任，而且客服人员这么信任自己，于是她跟客服人员说：我再到你们网站上选一件衣服吧。）

客服人员：好，谢谢您的理解。

（结果，这位女士买了一件比丢失的那件衣服更贵的衣服，而且，她以后经常在这家网站上购买东西。）

点评　上述对话中，一句"我理解您的心情，换了我也会很郁闷"、"十分抱歉发生这样的事情"，充分显示了客服人员站在顾客的角度想问题、办事情的态度，不但解决了问题，还使顾客继续消费，这就是有效沟通的力量。

客服人员站在顾客的立场上想问题，向顾客表示"我能体会和您一样的感受"，一方面可以马上拉近与顾客的距离，提升沟通效果；另一方面只有这样做才可以真正感受到"顾客的痛苦"，表现得更加真诚。

沟通技巧 ▶▶

★ 客服人员要有换位思想，把客户当成自己，如果自己遇到这样的事情会怎么想、怎么做，然后以这样的心态与顾客沟通，只有这样才能够满足顾客的期望，服务效果也能达到最好。

★ 站在顾客的立场思考问题，处处为顾客着想，这是赢得顾客信任的最佳方式，也是客服人员需要遵循的基本原则之一。

情景026　道歉，道歉，再道歉

诚挚地道歉，能让顾客感受到客服人员确实体会到了他的痛苦，是打动顾客最有效的武器。

顾客：你们经理呢！给我叫出来！

经理：先生您好，请问有什么可以帮您的？

顾客：把你们管事的给我叫出来，我告诉你这事没完。

经理：有什么事情您可以跟我讲，我是这里的负责人。

顾客：你们那个门口的促销员什么态度！我多选了几个她就不高兴了，嘴里还嘟嘟囔囔的。怎么了！买东西还不让我挑啊！我一定要投诉！

经理：哦，您说的那个女孩子今天刚上班，她犯错了是因为我没有培训好，也是我的责任。我替她向您道歉。

顾客：别讲这些没用的！气死我了。

经理：您坐下消消气。小王，给这位先生倒杯水来。先生您消消气，她们这些小孩年纪小，从小娇生惯养的，您别跟她们一般见识。她们这一站就是一天，腰酸腿疼，还有业绩的压力，也挺不容易的。

顾客：算了算了，我也懒得跟她一般见识。你让她进来跟我诚心道个歉就行了。

点评 客服人员真诚的道歉、热情的接待使得顾客的火气消了一大半。

沟通技巧 ▶▶ ···

★道歉是化解顾客不满、处理顾客抱怨、给予顾客补偿的有力武器。遇到案例中的这种情况，或者顾客带着情绪来投诉，客服人员不要让顾客的情绪、态度和语言扰乱了头绪，自乱阵脚，而是应该向顾客真诚道歉，先安抚顾客。

★客服人员在与顾客的沟通过程中，要时刻以真诚的态度对待顾客；处理顾客的不良情绪时，也要以真诚的态度向客户表达歉意。

情景027　快速反应，及时解难题

快速反应，及时解除顾客的困扰，也是客服人员感同身受的一种外在表现。客服人员要想顾客之所想，急顾客之所急。

客服人员：您好，××公司客户服务部，请问有什么能够帮助您的？

顾客（大声地）：我家的空调怎么坏了啊？天气这么热，没空调谁能受得了啊？

客服人员：对不起，您别着急！的确，在这样的天气状况下，发生这样的事情肯定让人很生气，我如果是您我也会大发雷霆的。但是，我相信问题很快就可以解决的，您别着急，好吗？

顾客：我这可是刚买的空调，用三天就坏了，你们这是什么质量啊？

客服人员：发生这样的事情，实在抱歉。不过，您说说，空调是什么情况？

顾客：制热不制冷，打开后吹暖风啊！这谁受得了啊？

客服人员：您先别上火，我这就通知维修人员，马上到您家去维修。

顾客：那要快点儿啊！

客服人员：您放心，我保证今天下午四点之前，维修人员已经在您家里了。

顾客：那好，快点儿吧！

……

点评 对于顾客的特殊情况，客服人员快速反应，做出了特殊承诺，以尽快解决顾客的痛苦。

沟通技巧 ▶▶

★ 不论发生了什么事情，顾客永远是第一位的。客服人员在与顾客的沟通过程中，心中应始终装着顾客，及时解决顾客的问题，快速办理顾客的事情。

★ 顾客是企业的衣食父母，客服人员对顾客的难题要快速做出反应，及时提出解决办法，第一时间办理，让顾客满意，尤其是关系到本企业产品质量、声誉等情况时更要给予足够的重视，以免事态恶化。

🎥 **情景028 适当承诺并及时践诺、反馈**

即使客服人员再努力，有些问题也不是马上就能够解决的，这时客服人员就需要主动向顾客承诺，并积极完成自己承诺的责任，向顾客积极反馈。客服人员要把顾客的问题当成自己的问题一样认真对待、积极解决。

客服人员：您好，××公司客户服务部，请问有什么能够帮助您的？

顾客：我的手机已经送修两个星期了，怎么还没修好吗？

客服人员：您别着急，为了帮您查询维修进程，您方便告诉我维修单编号吗？

顾客：××××。

客服人员：好的，请稍等……（经过查询后）你好，先生，您的手机返厂维修了，现在还在维修中。

顾客：我知道是返厂维修了，可是都两个星期了，你们能不能快点儿啊？

客服人员：对不起，因为返厂维修后就不在我们能够控制的范围之内，所以请您耐心等待。

顾客：我都打过好几次电话了，每次都叫我耐心等待，请问谁能给我那么多的耐心啊？

客服人员：不好意思，对于这种情况我们确实也没有办法。

顾客：让你们经理接电话，我跟他说。

客服人员：对不起，您的单子是我负责的，有什么问题我可以帮您解决。

顾客：你一会儿说这种情况不在你的控制范围，一会儿说对于这种情况你也没有办法，你能负责什么啊？赶快叫你们经理。

……

客服经理：您好，我是这里的经理，请问有什么能够帮助您的？

顾客：我的手机送修两个星期了还没消息，当初只说大约一个星期就能修好的。

客服经理：哦，您的手机返厂维修了，所以时间会比较长。但是您也别担心，我们将对您的维修单进行跟踪，督促尽快修好，好吗？

顾客：你就告诉我具体什么时候能还给我手机？

客服经理：对不起，先生。我暂时无法对您做出承诺！这样吧，我们将会对您的维修单进行跟踪调查，一有结果我马上给您回复，我保证在半个小时以内解决问题，好吗？

顾客：好吧。

……

点评　上述案例中，客服经理的解决方式更为稳妥，也更能让顾客接受，至少让顾客有个盼头，缓解了其焦虑的心情。

沟通技巧 ▶▶ ....

★在与顾客的沟通过程中，客服人员针对顾客的情况，可以给予适当承诺，这是解决问题的一个好办法。适当的承诺有两层含义：一是不说大话，不承诺自己做不到的事情；二是在其需要的时候主动给予顾客承诺。所以，客服人员要善于在顾客需要的时候给予承诺，但这个承诺必须是自己力所能及的。

★注意：承诺兑现后，客服人员一定要在第一时间与顾客取得联系，及时反馈信息。这样做不但可以使事情解决得更为完满，而且增加了顾客的好感，为企业赢得忠实客户打下了扎实的基础。

第10节 有礼仪

有位哲人曾说过："上天赐人以两目两耳，但只有一口，欲使其多闻多见而少言。"这句话的意思是上天给了我们两只眼睛和两只耳朵，却只有一张口，是为了叫人多听多看而少说话的；暗指人们在沟通中要多听而少说，由此可以看出聆听的重要性。作为客服人员更是如此，聆听不仅能发现顾客的需求，还能有效地沟通情感，化解顾客的不满。所以，要做一名优秀的客服人员必须首先学会听的礼仪。

情景029 耐心聆听

通过耐心聆听，顾客能感受到来自客服人员的关注，进而感受到尊重，这是他们寻求服务时的基本心理需求之一；换一个角度来说，客服人员也只有耐心聆听，才能发现顾客的真正需求，掌握所有有用的信息。所以说，耐心聆听是最基本的听的礼仪，客服人员应通过耐心聆听向顾客传达敬意。

（某房产中介公司客服部，一位男士来电话）

客服人员：您好，有什么需要我效劳的吗？

顾客（滔滔不绝地）：我想租一套房子，就在这个小区。正好看到你们的客服电话，就打过来了，呵呵……我们家房子正装修呢，一家三口没地儿住了，所以需要搬出来住几个月，三个月吧，这样房子的味儿也散得差不多了，虽说我们家用的都是绿色环保的装饰材料，可我还是不放心啊，唉，这不前两天网上还报道……呵呵……扯远了，租个两居室吧，面积不用太大，够用就行。装修嘛，不用太豪华，干净整洁就好了，我这个人就是喜欢干净。还有就是，采光一定要好，这点你得给我记好了。主卧的窗户最好朝南。嗯……对了，还要带个大点儿的阳台，这样能有个歇脚抽烟的地方……

客服人员（始终耐心地听着，不时地回应）：嗯。

顾客（继续进行长篇大论）：嗯，如果房子离公交车站近些就更好了，你知道每天上班如果走很远的路赶公交的话，那实在太令人难以忍受了，呵呵，省下这些时间睡几分钟的回笼觉倒挺美的。还有……就这些吧。

客服人员（耐心核对客户要求）：好的，您是想在这个小区靠近公交车站的地方，租一套采光好的两居室，价位在三千元左右，主卧窗户朝南，带大阳台……您看对吗？

顾客：是的，就要这样的。真难得！我讲得这么乱，你还听得这么认真，我真得谢谢你！

客服人员：这是我们应该做的，五分钟后我们的工作人员会和您联系的。

顾客：谢谢，再见！

点评 客服人员对顾客的"善谈"，没有表现出丝毫的不耐烦，而是一直耐心聆听，最后完全领会了顾客的意思，并赢得了顾客的好感。正是这种耐心聆听的礼仪，表现出了客服人员对顾客的尊重，赢得顾客的好评就是必然的了。

沟通技巧 ▶▶

★ 聆听时要保持饱满的精神风貌，聚精会神地听。

★ 聆听时要与顾客的视线平行接触，不躲闪。

★ 聆听顾客的谈话要表现得中规中矩，不要"坐立不安"，更不要玩弄纸、笔、手机和手表等物件。

情景030 积极回应

有效的沟通应该建立在交流双方的互动基础之上。一方阐述自己的观点，而倾听的一方没有任何回应，这是不正常的。顾客在面对客服人员时，所要求的不只是回应，而是积极的回应。做好积极回应也是客服人员基本的倾听礼仪，能够使双方心情愉悦，有助于问题的解决。

（某家电生产企业的客服中心，一位顾客来访。）

顾客：你好，请问你是这儿的服务人员吗？

客服人员甲（看了一眼，继续埋头整理东西）：嗯，说吧。

顾客：这阵子我们家的抽油烟机工作时，老是发出很大的噪声，您看是不是哪儿出问题了？我家的抽油烟机是你们这出的，它的工作原理我也不大懂，可能是小问题吧，但我不知道怎么修。

（顾客一边说，一边看客服人员甲一直在埋头整理东西，好像根本就没有听）

顾客（突然发火）：你这是什么服务态度！我说话你有没有在听啊？

客服人员甲：我听着呢，全听明白了，您说您的，管我干嘛？

顾客：鬼才信，哪有你这样听人说话的？

（这时，客服人员乙走了过来）

客服人员乙：先生，您先消消气儿，她是新来的，很多东西都不懂，请您原谅。

顾客：这才像话嘛，我又不是来吵架的。

客服人员乙：当然了，一看您就是很有涵养的人，能具体说说故障情况吗？

顾客：我买了抽油烟机才半年，现在一开机就有很大的噪声，吵得我做饭都没心情。

客服人员乙：您经常做饭吗？

顾客：是啊，天天在家做。

客服人员乙：对了，您经常清洗抽油烟机吗？

顾客：我天天擦，跟新的一样。

客服人员乙：那您清洗过叶轮和烟道吗？

顾客：这倒没有，呵呵，擦起来很麻烦的。

客服人员乙：我想问题就出在这儿了，长时间不清洗这些部位，会造成叶轮重量加大、烟道变窄，出现噪声就不可避免了，所以我建议您回家清洗一下，问题就可能会解决了。

顾客：原来是这样啊，我这就回去解决，谢谢你！

……

点评　　在顾客说话时，客服人员甲一边听还一边忙自己的事情，没有积极回应顾客，这是一种不尊重顾客的行为，造成了顾客的极度愤怒和大发雷霆；这时客服人员乙及时出面，通过积极回应顾客，在一段轻松的对话后，找到了问题原因所在，给出了问题解决方案。两者相比，很容易看出客服人员在倾听时积极回应礼仪的重要性。因为沟通是双向的，客服人员只有让沟通互动起来，才可能让顾客心情愉悦。

沟通技巧 ▶▶ ···

★ 当顾客说话时，客服人员应积极回应，这是对顾客最基本的尊重，也
能有效鼓励顾客继续讲下去。

★ 客服人员回应顾客时不要一直用单调的"嗯""啊""哦"之类的语气
词，要适当肯定和恭维顾客，如"您真有想法""这么说太正确了"
等，这样能让沟通的气氛更加愉悦。

情景031　注意眼神

人的眼神是丰富生动的，也是善于传情达意的。客服人员在与顾客沟通时，
需要特别注意眼神的礼仪，要向顾客传达友善、热情、尊敬等信息，而不要横眉
冷对。

（某酒店前台，一位时尚女士径直走了过去）

顾客：你好，我想住宿。

客服人员（眼睛正视着顾客，流露出羡慕的眼神）：小姐，您可真漂亮！

顾客（高兴地笑着）：谢谢！

客服人员：我们这儿有豪华套房，里面装饰豪华，生活设施齐全……

顾客（打断客服人员的陈述）：我就一个人住，用不着那么夸张的房子，给我
推荐些单间就行。

客服人员（眼睛流露出愧疚的神色）：实在抱歉，我净想着给您多介绍些房子了。

顾客：呵呵，没关系！

客服人员（神色专注）：我们这儿的单间有普通单间、商务单间和豪华单间。
普通单间的配置是一张床、电视、无线上网、淋浴……

顾客：给我订一间商务单间吧，我喜欢清净一些，当然也要实惠了，呵呵……

客服人员：好的，我这就带您去看房。

说罢，客服人员用手摆了个请的姿势，眼睛也相应地朝着单间的方向看过去。

顾客（调皮地）：问你个问题，你们酒店的人都像你这么专业吗？

客服人员（眼睛流露出欢喜的神色）：您过奖了，我不过是一名普通的员工罢
了，要学的东西还有很多。

……

点评　这名客服人员在与顾客交流的过程中，恰到好处地运用了自己的眼神，充分表现了自己的礼仪修养，使顾客感觉到了诚意和尊重，沟通过程自然非常轻松愉悦。

沟通技巧 ▶▶

★眼神要饱满、专注，切忌左顾右盼、上下打量和透露出负面的情绪。

★说话时眼睛接触顾客脸部的时间应占全部谈话时间的 30% ~ 60%，时间太长或太短都是不礼貌的。

★视线停留在顾客双眼和嘴部之间的三角形区域，这称为社交注视；如果更亲近些，视线停留在两眼与胸部之间的三角形区域，这称为亲密注视。

情景032　注意声音

声音不只传达了谈话的内容，其本身也包含了很多东西。客服人员在和顾客沟通时，要保证自己的声音里透露着友善、积极等正面情绪，不要让自己的声音变成令人不舒服的噪声，更不要对顾客恶声恶气，这也是体现说话礼仪的要点之一。所以，客服人员要了解有关声音的知识，如语速、音强、音高和音色等。

（某打印机公司客服部，电话铃响起）

客服人员甲（如连珠炮似的）：您好，××公司客服部，请问有什么需要帮忙的？

顾客（不由自主也跟着着急起来）：我家的打印机不能打印了，我该怎么办啊？

客服人员甲（小声，有气无力地）：不能打印啊，那就是坏了吧，坏了就去修呗。

顾客：你说清楚点，要怎么修？

客服人员甲（依然小声、沙哑）：您将打印机拿到售后服务点，人家会帮您修的。

顾客（愤怒地）：你大点儿声行不行？真郁闷！给我换个人，我要求别的客服人员为我服务。

（客服人员甲只好请求客服人员乙帮助，客服人员乙接过了电话）

客服人员乙（声音清脆悦耳）：您好，××公司客服部，请问有什么需要帮忙的吗？

顾客（心想：嗯，不错，这次换了人了，声音真好听）：你好，我们公司刚刚到货的打印机坏了，打出的字模模糊糊的，能派人过来看下吗？要不，我们只能选择退货了。

客服人员乙（不慌不忙，语速适中）：您确定是按照操作手册的要求使用的吗？

顾客：我确定，我以前就使用你们公司的产品，还是同一款型，不会出错的。

客服人员乙：您确认您用的纸张不会有问题吗？

顾客：确定，以前用时打印效果很好的。

客服人员乙（诚恳地）：非常抱歉，我会尽快派人为您服务的，麻烦您告诉我一下公司的地址。

……

点评　面对同样的顾客，客服人员甲由于声音嘶哑，把握不好语速、音高等要素，给顾客留下了粗俗不礼貌的印象。最后不但没有达到为顾客解决问题的目的，还引起了顾客的反感。客服人员乙则用自己悦耳的声音，一开始就让顾客产生愉悦感，发出了"声音真好听"的感慨，为整个沟通过程奠定了良好的基础。由此可见声音的把握在说的礼仪中的重要性。

沟通技巧 ▶▶

★客服人员和顾客说话时，语速要适中，不要太快，也不要太慢，保持在120~140字/分钟。

★声音要洪亮，以防顾客听不清。当然，也不能过于"洪亮"对顾客的听觉造成损伤。

★声音不要太尖锐或太低沉，要把握好尺度。

★要保持热情、自信和真诚的语气，用优质的声音感染顾客。

情景033 表达清晰

表达清晰也是说话的礼仪之一，它既要求客服人员吐字清晰，又要求其说话内容的全面、准确和有条理。客服人员遵循了这两点要求，就能有效避免重复发问等问题，提高沟通的效率，达到事半功倍的效果。

客服人员（吐字清晰）：您好，××服务热线，请问有什么需要咨询的？

顾客（焦急）：你好，我有急事要赶去××地，身上没带够钱，打不了出租车，只能坐公交或地铁了，我现在在××广场西北角。请帮我查一下到那儿的最快乘车路线，我必须在一个小时之内赶到。

客服人员：您先别着急，我马上为您查询，稍等片刻。

顾客：麻烦快点！

客服人员：已经查到了，有两个最佳路线供您选择：第一，您可以乘坐×路公交车上行，直接抵达目的地。第二，您可以乘坐地铁×号线，中途在×站换乘地铁×号线，也可直达目的地。对了，这一段路程由于××活动公交限行三天，建议您乘坐地铁，这样时间还比较充裕，大约需要四十分钟，耽误不了您的事情。请问您还有什么疑问吗？

顾客：非常感谢，您说得非常清晰。

客服人员：不用谢，感谢您使用本公司服务，再见！

点评 客服人员面对焦急的顾客，没有显示出慌乱的样子，而是用清晰的发音和头脑为顾客服务。从"两个最佳乘车路线供您选择"，及对乘车方法的描述，充分体现出客服人员言语的条理性。对公交线路限行的补充说明，则体现出了客服人员语言表达的全面性和准确性。客服人员正是利用表达清晰这一礼仪，为顾客解决了乘车难题。

沟通技巧 ▶▶ ···

★客服人员说话时应口齿清晰，口中不可含口香糖、饭菜等食物，以免影响发音。

★考虑问题要全面；对关键性的东西，如时间、地点、型号和度量衡等要记忆精确；说话要有条理、层次分明。

情景034　以顾客为中心

以顾客为中心也是客服人员的说话礼仪，只有以顾客为中心，才能让顾客感受到来自于客服人员的尊敬和礼貌。

（小王有一台很旧的笔记本电脑，已经买了很多年了。他通常只用这台电脑玩游戏，但是最近他觉得笔记本的键盘越来越不好用了，于是他找了一家电脑维修店去修键盘。）

客服人员：您好，请问有什么能帮助您的？

顾客：你好，你看看我这台电脑，帮我修下键盘吧。

客服人员：哇，这么旧的电脑，修起来难度可不小，这部件基本上都老化了……哦，您还加过内存啊，这网卡肯定也不好用了。

顾客：我用它玩游戏，修一下键盘就好了。

客服人员：哦，其实我可以给您换个大点儿的硬盘，像您这样的旧电脑，我敢保证附近只有我们能换。

顾客：不用了，这台电脑我不做别的，就玩游戏。

客服人员：哦，那好吧，我保证修完之后跟新的一样灵敏，这么破的电脑，肯定只有我们这里能做到这一点。

顾客：算了，不用了。我找别人修吧。

（小王气愤地拿起电脑，留下客服人员仍在那里自吹自擂）

点评　这名客服人员在谈话中以自己的服务为中心，不考虑顾客的感受，因而引起了顾客的不满。以顾客为中心是对顾客的尊重，也是赢得顾客的重要技巧。客服人员要明白自己的服务是为满足客户的需求而存在的，离开了顾客，再好的服务也没有用。所以客服人员要注意在沟通中以顾客为中心，顾客如果是一位善于表达的人，那就少说话，首先做好一名倾听者。

沟通技巧 ▶▶ ·····························

★以顾客为中心，是客服人员需要遵守的说话礼仪，切忌不考虑顾客感受、自说自话的不礼貌行为。

★客服人员在说话时多进行换位思考，站在顾客的立场上评论问题，如"换我是您，我也接受不了"等。

情景035　不要狡辩

在我们的日常生活中，狡辩的人往往会招人讨厌。客服人员在与顾客说话时，和顾客狡辩是对顾客的不尊重，无助于问题的解决，只会使双方关系朝着坏的方向发展。因此，客服人员在与顾客说话时切记不要狡辩，这也是说话的礼仪之一。

客服人员：您好，××物业管理公司，请问有什么需要帮助吗？

顾客（怒气冲冲）：我是这个小区的业主，你们的服务简直太差劲儿了，还收我们那么多物业费，简直就是抢劫，一群强盗！

客服人员：嘿，我们的服务质量怎么差了，我们又怎么抢劫了？你不说明白，我要告你诽谤！

顾客：这不明摆着嘛，我住一楼，旁边道儿上天天有小商小贩摆摊，人来人往，吵吵嚷嚷的，还让人正常生活不？还有就是那股烂菜和烂水果味儿，弄得我们白天黑夜一直关着窗子，呼吸不到新鲜空气，这对我们身体会造成多大的损害啊？

客服人员：商贩们摆摊做生意，自然会讨价还价，吵点也是应该的。再说了，瓜果蔬菜总会有些要坏掉的，难道你们家就没有坏过这些东西？你有什么好挑毛病的？

顾客：你，你……难道这个小区内允许摆摊吗？

客服人员：他们有自己的自由，你倒管管看。

顾客：哼，你们还讲理吗？我要去举报你们！

……

点评　尽管顾客脾气大了些，客服人员也不能以敌对情绪来应对。正常来说，客服人员首先应该安抚好顾客的情绪，为解决问题创造良好的氛围。然而这名客服人员不仅没有消解他的怨气，反而通过一再的狡辩推托责任。最后不仅致使矛盾升级，还给顾客留下不礼貌的印象。

沟通技巧 ▶▶ ....

★ 和顾客说话时，务必言之有理、言之有物，不能通过狡辩来回避问题，
　这是一种不礼貌的行为。

★ 诸如偷换概念、转移论题、以偏概全、本末倒置等都是狡辩的常见表
　现方法形式，一定要避免。

情景036　称谓得当

　　称谓，是人们由于亲属和其他方面的相互关系，以及由于身份、职业等而得
来的名称。尤其是在工作关系中，称谓已成为一个人的社会标签。称谓得当能起
到锦上添花的效果，不当的称谓则可能引起顾客的不满。所以，客服人员在接待
顾客时，要做到称谓得当这一礼仪。

　　（某酒店前台，一位衣着时尚的女士走来。）

　　客服人员：您好，请问您是要住酒店吗？

　　顾客：是的。

　　客服人员：请问您有没有预订房间？

　　顾客：没有，你现在帮我开一间吧，还有空房吗？

　　客服人员：现在只剩一间标间了，其余房间全部住人了，请问您是先看看房
呢，还是直接定下来？

　　顾客：啊！还真挺幸运的，你先带我去看一眼再定吧！

　　客服人员：好的，阿姨，请跟我这边来！

　　顾客：你叫我什么？

　　客服人员：阿姨，这么叫有错吗？

　　顾客：神经病！没礼貌。

　　（说完话，顾客甩头而去。）

　　点评　顾客本来已经打算订下房间了，通过她说"还真挺幸运的"就能看出她
的诚意有多强，然而在客服人员一声"阿姨"出口以后，她勃然大怒、甩头而去，
足见称谓礼仪的重要性。客服人员尤其要注意，对于比较注重打扮的时尚女士，

她们都希望自己看起来更年轻，所以善意的称呼"阿姨"就可能变成对她们的讽刺，她们当然不可忍受了。

沟通技巧 ➤➤ ···

★ 熟记客户姓名，弄清顾客的职务和身份。

★ 称呼顾客职务时就高不就低，有时客户身兼多职，此时最明智的做法就是使用让对方感到最被尊敬的称呼，即选择职务最高的称呼。

★ 称呼副职顾客时要巧妙变通。如果对方身处副职，大多数时候都可以把"副"字去掉，除非顾客特别强调。

★ 在与顾客有多种关系时，称呼顾客要注意场合，如日常是朋友关系，工作时就不能直呼其名。

情景 037　正确握手

握手是一种直接的肢体接触礼仪，客服人员在与顾客见面和离别时都要用到。握手礼仪是一门比较复杂的学问，要通过细心学习有效掌握它的内容，尤其要注意握手时的禁忌。掌握了正确的握手礼仪，能给顾客留下美好的印象，对客服人员的工作可以起到很大的帮助。

（某公司客服部，一名男客服人员见一位女顾客登门，赶紧迎上。他真诚地正视着顾客，伸出右手。）

客服人员（待顾客伸出手后，轻轻地握上去，握两下）：您好，请问有什么需要我帮忙的吗？

顾客（心想，好标准的握手）：我的机器出了点儿问题，想请你帮忙。

……

（经过一段交谈，客服人员提出了解决问题的方案。顾客要离开时，主动伸出手，客服人员赶紧迎上）

顾客：多谢你的帮助，你真是一名优秀的员工！

客服人员：谢谢，以后有事请尽管找我，您慢走！

……

点评　这名客服人员先是通过优雅的握手礼仪打动了顾客的心，好的开头是成功的一半，这为以后的沟通奠定了和谐的基调。送顾客离开时，客服人员也注意到了握手的禁忌，"等到顾客主动伸出手后再赶紧迎上"。可以说这名客服人员在接待的"始"和"终"都通过握手很好地体现了自身的个人修养，很注重接待顾客的礼仪。

沟通技巧 ▶▶ ···

★ 保持手部清洁，握手时不得戴手套。

★ 要用右手和顾客握手，同时左手不可插兜。

★ 见面时，主动向顾客握手，要正视对方，保持热情和自信，力度要适中。

★ 离别时，要等顾客主动握手。

★ 握手时间一般不超过3秒，同性可以较长时间，异性需要缩短时间。

★ 顾客为女性时，客服人员尤其注意握手的力度要轻，时间不要太久。

★ 切忌交叉握手，也就是不能同时和两名顾客握手。

情景038 热情招待

热情招待客人是我们的传统美德，顾客更应受到客服人员的热情接待。不仅如此，冷落顾客还被认为是一种不礼貌的行为。

（某公司客户服务部）

客服人员：您好，请问有什么能帮助您的？

顾客：你好，我购买了一批你们公司生产的设备，现在正在使用，可是对这种设备的调试我不是很在行，所以专门坐飞机到你们这里取点儿经。

客服人员（高兴地）：哇！难得呀！辛苦了，请跟我来，这边坐！请稍等。

顾客：谢谢，好的。

客服人员（为顾客沏茶倒水）：请喝茶！您辛苦了，请问您可是××市的×××先生？

顾客：对啊，你怎么知道？

客服人员：我们这里有顾客资料，再根据您的口音，我就猜出来了。难得您对我们的设备这么青睐，请您别着急，稍微休息一下，我安排我们的设备专家带您参观，给您讲解。

顾客：太感谢了，原来只觉得你们公司生产的设备好，没想到你们的服务也这么好！这批货买得值！

客服人员：您过奖了，这是我们应该做的。

……

点评　客服人员用自己热情周到的服务打动了顾客，得到了顾客的好评，体现了热情有礼的职业形象。

沟通技巧 ▶▶ ···

★热情招待是每位顾客对服务的基本要求之一，也是客服人员应该遵守的接待礼仪。

★热情招待不等于请顾客吃大餐、送礼和娱乐，更重要的是体现出职业精神，在愉悦的气氛中解决顾客遇到的问题。

回访是客户服务过程中的重要一环，是企业维护客户关系、了解客户对企业产品或服务满意度等的常用方法。回访的方式有电话回访、上门回访两种，这要根据企业的具体情况选择。

在客户回访中，客服人员可以和客户有更多的互动，充分了解客户的需求，以便提供更好的服务。客服人员是代表企业的，其形象、行为和言谈举止无一不能体现企业员工的精神风貌、道德素质。做得好，可以提升企业形象；做得不好，将有损企业形象，甚至影响合作。因此，回访礼仪值得客服人员重视和学习。

情景039　提前告知

示例一

客服人员：您好，×先生，我是××银行信用卡中心客服部。

顾客：您好，有什么事吗？

客服人员：打扰您一下，现就我们信用卡的功能以及我们的服务做一下回访，大约需要两分钟，你看可以吗？

顾客：好吧，你说。

客服人员：非常感谢！……

示例二

客服人员：张总，我是××科技公司的客户服务部，打扰您了！

顾客：啊，没关系！

客服人员：您公司使用我们的××运行指挥系统已经两个月了，我们的技术服务工程师将于下周二到贵公司回访，了解这套系统的使用情况，同时再根据实际情况做一些指导。您看方便吗？

顾客：好的，没问题。

客服人员：那您安排一下，他们大约上午九点到贵公司。

顾客：好的。

客服人员：非常感谢您对我们工作的支持。再见！

点评　上述两个案例中，客服人员都对回访做了提前告知，让顾客明确了解回访事宜，进而配合回访工作，为回访工作的顺利展开奠定了良好的基础。

沟通技巧 ▶▶ ··

★无论是电话回访还是上门回访，客服人员都要事先告诉顾客回访目的，并对自己的打扰向顾客表示歉意。

★提前告知，既是对顾客的尊重，也可以为自己接下来的工作提供铺垫。

★在提前告知回访时，客服人员还要就此次回访工作征求顾客的同意，之后再开展具体工作。

情景040　礼貌寒暄

客服人员：您好，彭大姐。我是××公司客服部，您现在方便通话吗？

顾客：方便。

客服人员：彭大姐，明天天气预报说大风降温，还有小雨，这种天气对您的腿有影响，您得注意保暖啊！

顾客：是的，天一阴我这腿就疼。

客服人员：您昨天已经开始用我们的按摩理疗仪了吗？

顾客：用了，用完感觉挺舒服的。

客服人员：我给您打电话就是了解一下您的使用情况。经过一段时间坚持使用理疗仪，您的病痛肯定能够得到缓解。

顾客：希望是这样！

客服人员：您对我们的产品还有什么不清楚的地方吗？

顾客：暂时没有。

客服人员：好。如果有什么不清楚的地方可以随时来电咨询，我们会第一时间给您解答。谢谢您对我们工作的支持！祝您身体健康！再见！

点评 客服人员的一句"您得注意保暖啊"，让顾客感觉到自己被关心、受重视。所以说，客服人员在回访时，可以根据客户的具体情况等进行适当的寒暄，增强顾客对企业客户服务工作的认同。

沟通技巧 ▶▶

★客服人员与顾客寒暄，可以是问候顾客，也可以跟顾客聊聊与产品或服务相关的话题，比如天气等。

★要使寒暄发挥更大的效力，客服人员除了要有礼貌外，还应在回访前做一些准备工作，对顾客的个人情况、企业情况等有一个基本的了解，做到有的放矢。

情景041 规范使用名片

客服人员使用名片的频率并不高，但也有用到的时候，如上门维修人员、技术服务工程师等，为顾客提供服务后，走时可以给客户留一张名片，以便下次再出现状况或者此次维修后又出问题等，顾客可以直接联系自己，简化了工作流程，减少了顾客的麻烦。

（某小区一位顾客家里的冰箱坏了，该品牌客服人员上门维修）

顾客：你好，你哪位？

客服人员：您好，我们是××公司的售后服务工程师，请问是您家的冰箱坏了吗？

顾客：哦，没错，请进！

客服人员：谢谢。

（进门后，客服人员做了简单的自我介绍，穿上鞋套，根据顾客的介绍和指引开始检修冰箱。冰箱修好后，客服人员开启冰箱调试，确认没有问题后准备离开。）

客服人员：×先生，冰箱已经修好，现在运转正常了。这是我的名片。（双手递送名片）24 小时之内烦请您观察一下，看是否还有问题。如果有问题您直接联系我就行。

顾客：好的，没问题。

客服人员：不打扰您了。再见！

顾客：再见！

点评　客服人员留下一张名片，让顾客有问题随时与自己联系，既表现了自己对工作的热情、对客户的负责，也增强了顾客的信任感。

沟通技巧 ▶▶ ···

★客服人员递送名片时要用双手，名片正面朝上，让客户能够直接看到
　名片的主要内容。

★客服人员要注意名片的使用时机，根据实际情况决定是否给客户名片、
　何时给等。

情景 042　有效沟通

有效沟通才显得有意义，无效沟通只会浪费时间和精力。客服人员在回访顾客时，有时由于离开了办公场所而感觉松懈，在沟通中和顾客东拉西扯，浪费双方大量的时间，这是有失礼仪的。

（某地产开发公司客服人员登门拜访顾客，按门铃。）

顾客：你好，请问哪位？

客服人员：您好，我是××地产的客服人员，昨天接到您关于厨房和浴室漏水情况的报修，我是过来实地查看的。

顾客：哦，这样啊，你们效率还真高，请进吧。

　　客服人员（夸张地张开嘴）：阿姨，刚才只听您的声音，我还以为是个小姑娘呢，您的声音可真好听啊！

　　顾客：呵呵……老了，都奔五十的人了。

　　客服人员（坐定后）：您可一点儿都看不出啊，保养得跟二三十岁似的，您一定经常做皮肤护理吧？

　　顾客：那可不，咱们女人就要对自己爱惜点，我一月做一次，就在咱们小区那家美容院。

　　客服人员：这么巧，那家美容院是我表姐开的，以后您去，我让她给您打折。

　　顾客：那可真谢谢你了，你也长得满标致的。嗯，你的唇彩涂得真漂亮，用的是什么牌子的？

　　客服人员：您可真有眼光，这是法国××新出的，男朋友送的。

　　顾客：你男朋友是做什么的？

　　……

　　顾客：哎呦，都11点多了，只顾说话了，我还得参加一重要活动呢，得马上出门了。

　　客服人员：嗨，实在对不起，耽误您这么多时间。要不，我改天再来？

　　顾客：也只能这样了。

　　……

点评　这名客服人员和顾客的沟通氛围倒是很轻松，只是杂七杂八的事情说得太多，把工作抛到了脑后。正是因为无效沟通过多，才使得回访工作没能完成，造成了不好的影响。

沟通技巧 ▶▶ ··

　★客服人员回访顾客前要准备充分，如了解顾客的有关情况，带好纸、
　　笔和特殊工具等。

　★简单寒暄后，直奔主题，该了解情况就了解情况，该解决问题就解决
　　问题，不要把时间浪费在无关的事情上。

　★在沟通过程中，对顾客关键性的行为、态度和字眼等要准确记录，以
　　便将信息反馈到公司，为今后开展工作打下基础。

情景 043　礼貌离别

客服人员对顾客的回访总是有时间限制的，做完自己的服务工作要礼貌告别，这也是客服人员应注意的礼仪。

（某公司客服人员回访顾客）

客服人员：您好，接到贵公司关于我们产品在使用方面的一些疑问，我过来给您解答一下。

顾客：快进来，我们都盼着您来呢，主要有……

（解答完问题后，已经11：30了。该客服人员知道12：00是这家公司的午餐时间，为了不给顾客添麻烦，他决定告辞）

客服人员：这些问题很有针对性，我们以后编制使用说明时可得注意了，多亏您的反馈意见啊，要不然得给顾客造成多大的麻烦啊，我代表公司向您表示感谢，谢谢！

顾客：是您帮了我们大忙啊，别客气。

客服人员：呵呵，时间不早了，既然问题都解决了，我也该回公司了。

顾客：吃了饭再走嘛，也不急这一时。

客服人员（起身，整理了一下沙发套）：多谢好意，确实得回去了。呵呵，以后有什么疑问尽管找我！

顾客：那好吧，既然这样，我就不勉强了，再见！

客服人员：您请回吧，再见！

……

点评　这名客服人员在为顾客解答完问题后，注意到了一个很重要的情况：快到吃饭时间了。由此他察觉到该告辞了，以免给顾客带来不便，这是对顾客的尊重。该案例中还有一个细节需要注意：客服人员起身后整理了一下沙发套。最后告别的礼貌用语虽然平实，却不乏真诚。这些都反映出了该客服人员对告辞礼仪的深刻把握。

沟通技巧 ▶▶ ······························

★注意告别时机的选择，如顾客有急事要外出，快到饭点时等。

★离别时要整理好桌、椅等，同时避免发出噪音，另外要轻声开、关门。

★礼貌用语必不可少，如"打扰了""您请回""再见"等。

情景044 及时反馈

客服人员：您好，这里是××商贸公司客服部，非常高兴为您服务！

顾客：我在你们公司订购的杂粮系列礼盒怎么还没到啊，我等着送客户呢！

客服人员：您别着急。您贵姓？

顾客：我是××公司的曹××，前天就是我给你们打电话订的货。

客服人员：您的联系方式是？

顾客：××××××。

客服人员：好，曹先生，您订购的礼盒一共25件，已于昨天上午发货。我帮您查一下原因，会尽快给您回复，请您稍等片刻。

（客服人员挂断电话后，马上查询该订单的情况，然后电话回复给客户）

客服人员：曹先生，您好，我是××公司客服人员××，刚才我给您查过了，物流公司已经发货，最晚中午也就到您公司了，请您再稍等一会儿，好吗？

顾客：好吧。

（当天下午两点钟，曹先生的电话又响了）

客服人员：曹先生，您好！我是……

顾客：喔，我听出来了。还有什么事？

客服人员：就是问一下您购买的礼盒已经收到了吗？

顾客：收到了，上午就收到了。谢谢啊！

客服人员：不客气。这是我应该做的。也感谢您对我们公司的支持，以后有什么需要随时与我们联系。

顾客：好的。

点评 这位客服人员在为顾客查询了订单后及时给予回复，后来又进行回访，了解顾客订的货是否已收到，尽职职责，也遵循了对客回访的基本礼仪。

沟通技巧 ▶▶

★对客服务过程中，客服人员要心中装着顾客，时刻为顾客着想，快速解决顾客的问题，及时反馈解决方案或结果，及时回访顾客，了解顾客的需求，掌握顾客的情况，为进一步做好客服工作提供基础。

★ 及时反馈，给顾客一颗"定心丸"，减轻顾客的焦虑，增强顾客对企业的好感，以及对企业服务的认可，进而塑造企业在顾客心中的形象，这就是企业客服人员工作的核心。

Chapter 2

第2章

通心理：找到顾客的秘密画像

客服人员把握顾客心理的能力非常重要，因为客服工作的目标是让顾客满意，而只有满足了顾客的心理需求，排除了顾客的负面情绪，让顾客在享受服务的同时获得一份愉悦的心情，才能给顾客留下良好的印象。

第1节 把握顾客的通用心理

顾客寻求服务的目的，不仅是为了满足其物质的需求，心理需求往往也占据着很重要的地位。客服人员首先要给顾客提供准确的服务，同时，注意满足顾客的基本心理需求。

情景045 准确感

准确感是指顾客希望在服务中获得准确且全面的信息，时间越短越好，顾客的耐心都是有限的，如果客服人员不能在有限的时间内提供准确的服务，顾客的准确感就不会得到满足，进而可能产生焦躁情绪。

（某网上交易平台客服）

顾客：你好！

客服人员：您好，我是23号客服人员，很高兴为您服务，请问有什么能帮助您的？

顾客：我想买你们公司那个简易衣柜，请问现在有货吗？

客服人员：有货的，您可以直接点击购买。

顾客：大概多长时间能到货？

客服人员：这跟两地之间的距离，以及物流公司的实际情况有关，我无法给您做出回答。

顾客：你就根据经验大概估计下，我要算算能不能来得及。

客服人员：因为物流公司的实际状况我们无法掌控，所以无法给您做出回答，抱歉！

顾客：你就是个死脑筋。

客服人员：请问您还需要别的服务吗？

顾客：晕，当然要了，我还没买呢。

客服人员：请问您还需要什么服务？

顾客：这个衣柜是需要组装的，组装的时候会不会很麻烦？

客服人员：这是木制的，用螺丝组装。

顾客：我问麻烦不？大概需要多长时间能装好？

客服人员：这要根据您个人的情况了，我也说不好。

顾客：那我不买了，你真是一问三不知。

……

点评 客服人员答非所问，给顾客的回答总是不能抓住顾客的关注点，不能满足顾客对准确感的心理需求，最后顾客不但没买东西，还非常恼火。

沟通技巧 ▶ ···

★为顾客提供想要的服务，要求客服人员有足够的洞察力和理解力，准确掌握顾客的需求，然后针对需求提供服务。

★客服人员的注意力一定要集中，在交流中准确理解顾客的意思，切忌答非所问。

情景046 尊重感

顾客都有"要面子"的心理，这也体现了顾客对尊重感的需求，没有哪位顾客在获取服务时不想得到尊重的。所以客服人员对顾客的尊重要贯穿始终，如果不能做到尊重，再好的服务也是无功而返。

客服人员：您好，××公司客户服务部。

顾客：你好，我想咨询点事情。

客服人员：嗯，您说吧。

顾客：我想买一部4G手机，问一下你们公司的报价。

客服人员：4G手机呀，我们公司的产品大概都在3 000元以上。

顾客：啊？那么贵呀！我还打算花1 000多元买一部呢。

客服人员：哼！您花1 000多元想买4G手机呀，看来您还真是不懂。

顾客：我就是不懂才咨询你的，不然要你们干什么？

客服人员：那我告诉您吧，您这点钱在我们这里买不了，除非您去别的地方买那种垃圾货，不然就甭想买4G手机了。

顾客：怎么有你这样的客服人员啊，你懂不懂尊重顾客？我要投诉你！

……

点评 客服人员一副高高在上的姿态，说话时不考虑顾客的感受，不懂得尊重顾客，引起了顾客的强烈不满。

沟通技巧 ▶▶ ·····

★顾客在寻求服务的过程中，最基本的心理需求就是尊重感，他们必须
  要感受到这一点，否则再好的服务也只能给顾客留下很坏的印象。
★客服人员经常需要否定顾客，但是一定要说得委婉，不要伤及顾客的
  自尊。

情景047 安全感

安全感也是顾客的心理需求之一，客服人员在工作中要注意保护顾客的生命安全、财产安全以及个人隐私，避免给顾客造成不必要的麻烦，同时在沟通中尽量让顾客体会到服务是安全的。

（某银行服务前台）

客服人员：您好，有什么能帮助您的？

顾客：你好，我想开通我这张卡的网银。

客服人员：嗯，好的，请先填写这张单子。

顾客：我还是有点儿担心，在网上买东西是方便，可是我觉得不安全，要是账号被别人盗了怎么办？

客服人员：嗯，用网银的风险确实比较高，这样吧，您开通我行的动态口令卡版的网上银行吧，我们会给您这样一张动态密码卡，每次交易时都要求您输入与这张卡上相对应坐标位置的密码，只要保证这张卡在您的手上，即使有人从网上盗走了您的其他信息，他也不能完成交易。

顾客：哦，这个挺好，办这个需要支付其他的费用吗？

客服人员：不用，完全是免费的。

顾客：那就好，你就帮我办这个吧。

客服人员：好的，另外建议您保护好身份证号、银行账号、密码等个人资料，以免给您的财产造成损失。

顾客：好的，谢谢！

……

点评 客服人员给顾客推荐了一种能更好保护个人财产的服务方式，以满足顾客对安全感的需求。

沟通技巧 ▶▶

★客服人员和顾客沟通时，要给顾客营造出被保护的感觉，这样才能满足顾客对安全感的需求。

★当顾客获得安全感时，心理上的防范意识自然会降低，会比较容易接受客服人员的建议，这时的服务会更容易，也更有效。

情景048　舒适感

客服人员在工作中还要尽量给顾客提供舒适感，要让顾客在心理上感觉到愉悦、放松，例如在服务场所放悦耳的音乐，客服人员穿着暖色制服等，都能给顾客带来心理上的舒适感。同样，在沟通中客服人员用悦耳的声音，抑扬顿挫的音调，恰当的服务用语，很有美感的肢体语言等，也可以给顾客带来舒适感。

（某酒店大厅，顾客走向服务前台）

客服人员（整洁的制服、悦耳的声音、笑意盈盈）：欢迎光临××酒店！很高兴为您服务，请问您需要什么帮助？

顾客：我要开间房。

客服人员：好的，您看看这张单子，上面有各种房间的价格。

顾客：嗯，先等会儿吧，我要等一个朋友过来，再选房间。

客服人员：哦，好的。请跟我来，您在这边先休息一下吧。

（说完，客服人员大方地在前引路，带顾客到大厅里的休息区，这里陈列着干净的沙发和茶几，客服人员马上给顾客端来了一杯清茶。）

顾客（不由得感慨）：这家酒店真不错，很舒服！

……

点评　客服人员的表现再加上酒店的硬件条件都给人一种舒服的感觉，满足了顾客心理上的舒适感。

沟通技巧 ▶▶ ···

- ★ 视觉、听觉、触觉等感觉系统会比较明确地体会到舒适感，尤其会对第一印象记忆深刻。
- ★ 舒适感可以缓解顾客不安的情绪，同样积极的情绪也可以增加舒适感，像顾客听到客服人员的美誉，心里高兴，然后在和客服人员沟通中的舒适度也会增加。

情景049　多得感

多得感是顾客享受服务中的心理需求之一，作为顾客，总是希望付出同样的代价而获得比别人更多的利益。所以，客服人员应该注重个性化服务，给顾客营造多得的感觉。

客服人员：您好，××公司客服部，请问有什么能帮助您的吗？

顾客：你好，帮我查一下我的手机目前都开通了哪些套餐？

客服人员：好的，请稍等。您现在开通的套餐有××，每月共花费××元。

顾客：哦，我知道了，谢谢你。

客服人员：不客气！另外，我们公司现在正在进行一个活动，您只要本月最低消费超过50元，就可以得到我们公司赠送的价值28元的××餐厅电子代金券一张。我看您的历史消费记录，每个月消费都在100元以上，所以顺便帮您报名参与这个活动，好吗？

顾客：哦，用不用再花钱呀，有没有什么坏处呀？

客服人员：没什么坏处，就这一个月的时间，到期后就自动取消了，要求您最低消费50元，如果不足就按50元扣除，然后您就可以得到价值28元的代金券，您的消费应该在50元以上吧？

顾客：嗯，肯定超过50元的，我就是怕还要收其他什么费用。

客服人员：不会的，没有任何费用，这个活动本来就是我们公司为了回馈稳定而消费数额较大的顾客的，名额有限，一般的顾客我们还不邀请他参加呢。

顾客：哦，是吗？那你赶紧帮我报名吧。

客服人员：嗯，好的。

……

点评 客服人员通过"名额有限，一般的顾客我们还不邀请他参加呢"让顾客意识到此服务的稀缺性，满足了顾客心理上的多得感需求。

沟通技巧 ▶▶ ···

★ 多得感并不一定是真正利益上的获得，而是一种心态上的满足。客服
 人员只需让顾客感觉他比其他人获得的更多，就可以让他产生多得感。

★ 人都是贪婪的，再多的利益回报也满足不了顾客无限的需求，所以客
 服人员要注重个性化服务，并让顾客认为自己的所得比别人的更具
 价值。

第2节　把握顾客的负面心理

即使顾客的正常心理需求得到满足，他仍然会表现出一些负面心理，这些负面心理会影响服务的全过程，以及最后的服务效果评估，客服人员要认真对待、正确处理，才能达到令顾客满意的效果。

情景050　缓和顾客的急躁心理

顾客经常带着急躁的心理寻求服务，这时，客服人员千万不要受到影响，被客户的节奏带跑，应该表现得冷静和理智，先使客户冷静下来，等到气氛缓和后再探讨问题。

客服人员：您好，××公司客户服务部。

顾客：我家的空调坏了，你们赶紧派人来修吧。

客服人员：请问您是××品牌空调的用户吗？

顾客：是啊，不然给你们打什么电话，赶紧派人修，热死了。

客服人员：哦，您能描述一下现在具体的状况吗？

顾客：你怎么那么多话啊，就是空调坏了，你们赶紧派修就行了，我还忙着呢。

客服人员：实在不好意思，先生！我也知道您的时间很宝贵，但是为了能够更好地为您服务，提高派修的准确率，我必须先问您几个简单的问题，否则，如果在派修的过程中出现错误，不是更耽误您的时间吗，您说是这样吧？

顾客：好吧好吧，赶紧问！

点评　客服人员通过直接向顾客讲道理的方式，劝顾客不要急躁，配合服务。

沟通技巧 ▶▶ ....

★急躁是一种负面心理的反映，即使客服人员提供了优良的服务，顾客
　也可能因为自己的急躁情绪而漏掉一些重要信息，最终如果方案执行
　失败或有遗憾，顾客可能反而会埋怨客服人员。

★缓和顾客急躁心理的要点是，客服人员首先自己保持冷静，不要跟着
　顾客的节奏走，控制局面，再引导顾客。

情景051　容忍顾客的发泄心理

当顾客极端愤怒时，他需要发泄负面情绪。这时，如果客服人员能够以很友好的态度容忍他发泄，等到顾客恢复理智后，他会有愧疚感，事情的处理就会变得更容易，服务效果也会更好。

客服人员：您好！××公司客户服务部，请问有什么能够帮助您的？

顾客：我家的电视坏了。

客服人员：请问您是我们××品牌电视的用户吗？

顾客：如果不是，那我给你打电话干什么？

客服人员：对不起，您能描述一下现在具体发生了什么事情吗？

顾客：电视坏了，没有反应，没有图像，也没有声音，你们卖的什么垃圾电

视啊？才用了三天就坏掉了！昨天晚上有世界杯，你知道吗？我没看到，就因为电视坏了，你们为什么要卖这种垃圾电视害人？

客服人员：实在对不起，因为我们的产品对您造成的损失我深表歉意！您别着急，我相信您遇到的只是个案。但是话说回来，我们的产品质量还是挺好的，在业内拥有很好的口碑，不然您也不会选择我们的产品，你说是这样吧？

顾客：那就是我倒霉了！

客服人员：对不起！听您刚才说，买了电视才三天时间，应该还在包换期限内，为了不耽误您的使用，请您尽快与销售商联系换货，好吗？

顾客：我再换一台要是又坏了怎么办？

客服人员：先生，您真会开玩笑，我想您的运气不会那么差吧。您也知道我们的产品质量还是相当过硬的，出现这种故障的概率是特别特别低的，所以您尽管放心好了！

顾客：那好吧，谢谢你！

客服人员：不客气，谢谢您的来电，再见！

点评　客服人员通过道歉使顾客恢复理智，顺利调整了顾客的负面心理，同时一直强调良好的产品形象，给顾客留下了不错的印象。

沟通技巧 ▶▶ ·······························

★面对顾客的发泄，客服人员首先要做的就是"忍耐"，只要忍住并保持礼貌，发泄后的顾客往往会产生愧疚感。

★理性劝导顾客，当顾客情绪稍有缓和时，他便很容易接纳一个谦虚而又礼貌的客服人员的意见。

情景052　排除顾客的疑虑心理

顾客在接受服务时经常疑虑重重，不信任或不敢接受顾客的建议，这也会对客服工作造成不利的影响，客服人员应设法排除。

（某化妆品销售公司客户服务部，电话铃响）

客服人员：您好，××公司客服部，请问有什么能帮助您的？

顾客：你好，我买了你们公司生产的祛痘产品，但是用着好像没有效果。

客服人员：哦，请问您使用多长时间了？

顾客：大概一个星期吧。

客服人员：建议您不要着急，这种产品连续使用一个月以上才会有明显的效果。

顾客：我这几天老感觉脸有点儿痒，不会是过敏吧，我都不敢用了。

客服人员：您的担心是正常的，我们原来也经常有顾客咨询这个问题。不过请您放心，不论您的皮肤特性如何，使用我们的产品都是不会过敏的，您感觉皮肤有点儿痒也是正常的，因为我们的产品有收缩毛孔的功能，在使用一个星期左右会有这样的感觉，但会逐渐消失的。

顾客：哦，那就好，我就放心了。

客服人员：嗯，没有问题，您只要按照产品使用说明放心使用就好了。

顾客：好的，谢谢你。

点评 客服人员首先承认顾客的想法是正常的，然后站在专业的角度耐心解释，消除了顾客的疑虑。

沟通技巧 ▶▶

★排除顾客疑虑就是客服人员劝导、说服顾客的过程，是服务过程中的重要一环。

★需要注意的是，客服人员不要和顾客的意见针锋相对，要站在顾客的立场上进行劝导。

情景053 消除顾客的逆反心理

顾客的逆反心理也经常是阻碍服务工作顺利进行的障碍，这时客服人员不要一味地劝说，而应先设法消除顾客的逆反心理。

（一名客服人员上门给顾客维修冰箱，按门铃，门开了）

顾客：你好，你是？

客服人员：我是××公司来修冰箱的，现在来得正是时候吧？

顾客（冷冰冰地说）：进来吧，我还没睡醒呢。

客服人员（一边修一边和顾客说话）：这冰箱没什么问题。

顾客：不能冷冻了，还说没问题。

客服人员：是您没调好，调好就没事了。

顾客：我会调就不要你来了。

客服人员：我给您调的冷冻时间短点儿，时间太长了不好。

顾客：冷冻时间长有什么不好？别太短了，东西放坏了怎么办。

客服人员：那就调长点儿，不过这样比较费电，电费得花不少钱。

顾客：我交得起。（客服人员帮顾客调完冰箱后，很无趣地走了）

点评 在整个过程中，顾客一直对客服人员保持较为明显的戒心，逆反心理也就强烈地体现出来了，但是客服人员没有与顾客充分沟通，服务效果比较差。

沟通技巧 ▶▶ ....

★遇到抵制感较强的顾客，客服人员首先要建立可信度，否则顾客会在逆反心理的影响下在服务过程中作梗。

★沟通方式不恰当容易激起顾客的逆反心理，遇到顾客不太配合的时候应多问问题而少用陈述句。

★客服人员也可以利用顾客的逆反心理，像上述案例中顾客刚开门时如果客服人员换一种表达方式，说"一定打扰您了吧"，顾客在逆反心理的驱使下往往回答"没有，睡醒了"，则正中客服人员下怀。

情景054 满足顾客的虚荣心理

顾客的虚荣心理往往会阻碍他们接纳客服人员的正确意见，给服务造成障碍，客服人员要学会正确处理顾客的虚荣心理。

客服人员：您好，××公司客户服务部，请问有什么能够帮助您的？

顾客：你好，我电脑的硬盘坏了。

客服人员：您能描述一下具体发生了什么事情吗？

顾客：就是硬盘坏了啊，现在我电脑开机以后无法启动 Windows，主机还发出

"吱……吱……"的声音，电脑屏幕上提示硬盘无法通过检测。这肯定就是硬盘坏了，导致无法启动呀！

　　客服人员：看来您是位电脑方面的专家呀！

　　顾客：一般，就自己经常琢磨而已。

　　客服人员：您真不简单，不过引起这种情况还有一种可能，您不妨试试，可能是电脑的内存条或者显卡接触不良，建议您彻底切断电源，然后把内存和显卡拔下重插。如果问题还不能解决，再送我们维修点也不晚。

　　顾客：也好，那我先试试，一会儿再打电话，再见！

　　客服人员：好的，感谢您来电，再见！

　　（片刻过后，电话铃响。）

　　客服人员：您好，××公司客户服务部，请问有什么能够帮助您的？

　　顾客：你好，是我啊，我刚打过电话。用你的方法我试了一下，电脑果然就好了，谢谢你！

　　客服人员：不客气！恭喜您成功维修电脑，请问还有什么需要帮助的吗？

　　顾客：没有了，再见！

　　客服人员：感谢您来电，祝您愉快！再见！

点评　客服人员通过恭维满足了顾客的虚荣心理，进而顺利接受了客服人员的建议，成功解决了问题。

沟通技巧 ▶▶ ···

　★"恭维"是满足顾客虚荣心理的最好方法，只要客服人员适当恭维，顾客感受到自己的价值后，就很容易采纳意见了。

　★"示弱"也是满足顾客虚荣心理的一个方法，虚荣心得到满足的顾客会对弱小者产生同情，进而接受建议。

　★无论是"恭维"还是"示弱"，客服人员都要掌握好尺度，不可过头，否则会让顾客误以为是讽刺。

第3节 通过情感交流把握顾客心理

顾客在寻求服务时除了上述几种基本的心理需求之外，还往往会有一些个性化的需求。无论顾客有什么样的心理需求，客服人员都要试图和顾客多进行情感交流，只有得到顾客的认可，才能让顾客敞开心扉，发现个性化的顾客心理需求，这也是满足顾客心理需求的最佳途径。

情景055　建立个人情感关系

建立个人情感关系是客户服务的最高境界，有情感关系的依托，能使服务效果事半功倍，但这是一个长期的过程，客服人员应从一开始就要注意积累人际关系，在服务过程中注重个人情感关系的培养。

（某公司客户服务部，电话铃响，客服人员接起电话）

客服人员：您好，××公司客服部，请问有什么能帮助您的？

顾客：你好，我找×××号客服人员。

客服人员：我就是，请问您是哪位？

顾客：就是前两天找过你的××，还记得我吧？

客服人员：记得记得，怎么会忘记您呢！

顾客：我今天找你是有件事，我觉得你人不错，你们公司的服务也好。所以想从你们公司订点货，你帮我推荐一下。

客服人员：那敢情好啊！难得您这么看得起我。

顾客：反正我相信你，你给我提供点建议，像我这种情况应该用哪种产品好点儿？

客服人员：我们公司的产品A就适合您，是专门针对您这个年龄群体设计的。

顾客：好，那你就帮我订些吧。

客服人员：您稍等，我把电话转给我们销售部门的同事，您直接告诉他订产品A，让他帮您订就可以了，好吗？

顾客：好的，麻烦你了。

客服人员：您太客气了。

……

点评　客服人员取得了顾客的信任，建立起了情感关系，服务起来就很轻松了。

沟通技巧 ▶▶ ··

★客服人员在为顾客服务时，要多站在顾客的角度思考问题，注意营造"自家人"的感觉。

★长期对顾客表示关怀，就能与一些老顾客建立牢固的情感关系。

🎬 情景056　全神贯注重视顾客

重视顾客既是客服人员必要的服务态度，也是和顾客进行情感交流的基础，更是让顾客体会到尊重感的必需条件。所以，客服人员在工作中要全神贯注，重视每一位顾客。

（某超市客户服务台）

顾客：你好，这个购物袋是坏的。

客服人员：您好，是您刚才买的吗？

顾客：是呀，刚才在收银台顺便买的购物袋，结果我提出来以后发现旁边有个洞，你看见了吧？

客服人员：实在不好意思，没想到会出现这样的问题，非常抱歉，我帮您换一个，您看可以吗？

顾客：当然可以了，这就几毛钱的东西，出这样的毛病也很正常，你帮我换了就行了，还那么客气。

客服人员：尽管是不怎么值钱的小东西，但质量问题同样可以给顾客造成很多麻烦，所以我必须向您道歉，而且我们超市给顾客承诺所有售出商品都是没有质量问题的，所以我就更感到不好意思了，实在抱歉！

顾客：你们还真重视顾客，服务不错！

……

点评　顾客感受到自己在客服人员心里的重要地位，自然会对客服人员产生好感，拉近了彼此之间的距离。

沟通技巧 ▶▶ ··

★从客服人员的角度来讲，只有重视顾客，才能做到真正用心为顾客服务。

★从顾客的角度来讲，只有体会到了被重视的感觉，才会敞开心扉和客服人员用心交流。

情景057 不用拒绝性的语言

为了增进积极的情感交流，不影响顾客的情绪，客服人员在沟通过程中，对于某些做不到的要求，要学会运用非拒绝性语言来拒绝顾客，具体地说就是把直接拒绝转化为婉转拒绝、把婉转拒绝转化为建议。

客服人员：您好，××公司客户服务部，请问有什么能帮您的？

顾客：你好，我想让你帮我查一个人的资料，这个人是你们这里的注册会员，我只知道他的名字和身份证号，你帮我查一下他在你们那里的消费记录。

客服人员：不好意思，顾客的消费记录属于个人隐私，我们必须保护，您想想如果是您在我们这里的消费记录被别人获得了，可能会对您造成不必要的麻烦，您肯定也会不高兴的，对吧，所以我们不能提供这样的查询服务。

顾客：好吧，那给我查一下其他资料吧，手机号码，还有和他经常一起来这里的是什么人，可以吧？

客服人员：我建议您留个联系方式，等他下次过来的时候我们向他转达您的意思，让他主动和您联系好吗？

……

点评 客服人员先后运用了婉转拒绝和把婉转拒绝转化为建议两个技巧，有效应对了顾客的两个无理要求，整个过程中对顾客没有一丝的不敬，不会对顾客的心理造成负面影响。

沟通技巧 ▶▶ ···

★ 客服人员要学会婉转拒绝顾客，不要跟顾客说"这样不行的，这是我们的规定""我们不允许"等，而是要站在顾客的角度解释为什么不能这样做。

★ 如果可以直接为顾客提供合理的建议，不妨直接对顾客说："您说的是不错，但您不妨考虑下……是不是更好？"从而避免拒绝顾客的尴尬。

情景 058 用积极的身体语言

有人曾经说过，"语言经常是违心的，但动作却是真实心理的流露。"所以客服人员要由内而外地表现出对服务工作的热爱，平时注意锻炼身体语言，这会给顾客带来愉悦感。

（某旅行社，一位顾客带着行李走进大厅，一名客服人员看见以后快步迎了上去）

客服人员（面带微笑）：欢迎，欢迎！请问您是今天去北京团的游客吧？

顾客：是的。

客服人员（双手递上名片）：这个团是我负责的，这是我的名片，上面有我的电话，在旅行过程中有任何问题请随时和我联系。

顾客：好的，谢谢！

客服人员：我们计划下午五点从这里出发，您先在这里登记一下，等同行的其他游客过来。

顾客：好的。

客服人员（邀请顾客，然后在前面带路）：现在还有一些时间，请您跟我来，先在这边休息一下。

顾客：谢谢，麻烦你了，你去忙吧！

客服人员（优雅地微笑）：您客气了，这边坐，一会儿我们的导游会过来给您介绍这次旅游的组织计划。

顾客：好，谢谢！

……

点评 　客服人员用积极的身体语言向顾客传达真诚、热情服务的信号，得到了顾客的好感，有助于了解顾客的心理活动，也能满足顾客在享受服务过程中的心理需求。

沟通技巧 ▶▶ ....

★ 话说得太好听，顾客可能会认为是客服人员献殷勤、做作、虚伪，而积极友善的身体语言则容易得到顾客的认可。

★ 其实身体语言一样具有欺骗性，就像对着一面镜子练习面部表情一样，客服人员应注意锻炼自己的肢体动作。

Chapter 3

第3章

会倾听：听出顾客的言外意

有人说"沟通是倾听的艺术"，这句话充分体现了倾听在沟通中的重要作用。倾听可以获取信息、发现问题，客服人员只有认真倾听，知道顾客需要什么样的帮助和服务、顾客的不满和抱怨在什么地方，才能对症下药，解决顾客的问题。另外，认真倾听还是对顾客尊重的一种表现，有利于营造良好的沟通氛围。因此，一名优秀的客服人员必须掌握良好的倾听技巧。

第 1 节　倾听的目的

每个人都有表达的欲望，所以客服人员在沟通中应尽量鼓励顾客多说话，自己则做一名忠实的倾听者，这样可以让顾客感受到尊重，有利于取得顾客的信任，让服务处于良好的氛围中。同时，只有客服人员认真倾听，才能明白顾客的真正需求是什么，顾客到底需要什么样的服务。认真倾听还可以避免向顾客重复发问，减少由此给顾客带来的厌烦感。

情景 059　准确了解顾客的需求

客服人员为顾客提供服务的第一步，就是准确了解顾客的需求。顾客需要什么样的服务和帮助，有什么抱怨需要发泄，还是对公司的产品或服务不满需要投诉。要解决这些问题，只有客服人员认真倾听，才能从顾客的表述中发现他需要的信息。

客服人员：您好，××律师事务所，请问有什么能帮助您的？

顾客：你好，我有个问题想咨询一下。

客服人员：好的，您请讲吧。

顾客：是这样的，我和一个朋友合资开了一家茶楼，当时大部分的钱是抵押了我家的房子从银行贷的款，后来生意做赔了，就把茶楼转让出去了，但是也没收回来多少钱。结果我朋友就把转让收回的钱给了我，然后他就不管了，现在银行要我还贷款，当时我们开茶楼的时候可是说好了不管挣钱赔钱都是一人一半的。

客服人员：唔，请问您当初开茶楼时的组织形式是什么？是责任公司吗？

顾客：不是公司，就是个体户，你们能帮我打这官司吧？

客服人员：好的，我明白了，您这是经济方面的纠纷，由于细节比较复杂，请您跟我们专门负责这方面事务的律师沟通一下，您最好能亲自过来一趟，您看可以吗？

顾客：当然可以了，我现在过去吗？

客服人员：您稍等，我看看我们的律师什么时候方便，给您约个时间。

……

点评 客服人员通过认真倾听顾客的描述，弄清了顾客需要处理与朋友间的经济纠纷，就为其推荐了一位在解决经济纠纷方面很有经验的律师。试想一下，假设该客服人员没有耐心倾听顾客说话，没有弄明白顾客的意思，而提出一些不可行的方案，这样不仅解决不了问题，还会影响律师事务所在顾客心目中的地位。

沟通技巧 ▶▶ ....

★"认真"倾听，准确判断顾客需求。

★鼓励顾客多说话，客服人员多多掌握有用的信息。

★注意顾客说话的方式，有时候因为某种原因，顾客不愿意把他的需求
　直接表述出来，而是委婉地透露，这时就需要客服人员去发掘顾客的
　真实需求。

情景060　与顾客建立信任感

倾听是一种情感活动，它不仅用"耳"去听，更用"心"去倾听。这样的倾听在满足顾客表达欲望的同时，也能让他打开心扉，实现心与心的沟通，从而增加顾客对客服人员的信任感。

客服人员：您好，××心理咨询客服中心，我是7号客服人员，很高兴为您服务，请问有什么能帮助您的？

顾客：你好，我最近老是失眠，我怀疑自己是不是生病了。

客服人员：先生，您不用着急，其实失眠呢，是一种非常常见的现象，为了更好地为您服务，我先问您几个问题，好吗？

顾客：你问吧。

客服人员：先生您多大年龄了，做什么工作的？

顾客：我刚30岁，我是写书的，算是作家吧。

客服人员：哇，您真了不起，您平时都有什么爱好啊？能描述一下您的性格吗？

顾客：我啊，其实我觉得自己是一个挺复杂的人，我酷爱旅游，曾经一个人去过很多地方，我12岁就离家出走过。

客服人员（略显惊讶）：啊！

顾客：我在外面逛了两个月后才回去，后来我还一个人徒步上过高原，差点儿就没命了。

客服人员：唔！太不可思议了。

顾客：呵呵，可是我经常喜欢把自己闷着，有时候把自己关在屋子里，半个月都不和外界沟通，觉得特别孤独，却不想见任何人，大多数时间都是看书和发呆。

客服人员：看来您确实是个不同寻常的人。

顾客：你是不是觉得我有点神神叨叨的？不过和你聊天确实挺愉快的，不然我也不会说这么多。

客服人员：没关系，我喜欢听您的故事，您的话很有意思。

顾客：其实我也没什么事，就是最近经常失眠，想问问你们有啥办法没有？

客服人员：先生，听了您的谈话之后，正如您所想的一样，我也觉得您可能是患上了某种心理疾病，建议您来我们咨询中心一趟，让我们这里最专业的老师给您做个诊断，好吗？

顾客：不用那么麻烦吧，我只是想问问有什么办法治疗失眠？要是没有就算了。

客服人员：先生，引起失眠的原因不同，它的治疗方法也完全不一样，例如饮食不当也可能引起失眠，只需要调整饮食习惯就可以了，而您的情况我怀疑是心理疾病，这就比较复杂。其实生活还是很美好的，而且我们还都年轻，身边的人都希望我们过得好、过得开心，所以我们要珍爱自己的生命，您说对吗？

顾客：哎！何尝不是呢。

客服人员：所以呢，您就听我的，不管有没有病，做个检查又没有坏处，好吗？

顾客：那好吧。

……

点评　客服人员保持一个倾听者的姿态，顾客随着谈话的深入，逐渐打开了自己的心扉，对客服人员产生了信任感。客服人员最终也成功劝服了顾客听从自己的建议。

沟通技巧 ▶▶ ···

★倾听不仅要用"耳"，更重要的是用"心"，倾听是一种情感活动，用"心"倾听才能赢得顾客的信任。

★在倾听的同时给顾客一定的赞美，鼓励他继续讲下去，顾客对你的信任感会随着沟通的深入而逐渐积累。

★建立信任感与倾听是互为因果、相辅相成的，"信任"也有利于客服人员听到更有用的信息。

情景061 避免向顾客重复发问

倾听的另一个好处就是可以避免向顾客重复发问，对于客服人员的发问，顾客或多或少都会有反感情绪，容易让他们产生被"审问"的感觉。客服人员如果能认真倾听顾客，就会发现很多需要了解的信息都在顾客的唠叨中无意流露出来了。

（一位顾客的手机坏了，拿到售后维修点去维修，业务繁忙，一名客服人员过来接待。）

顾客：你好，我手机坏了。

客服人员甲：您能说具体点吗？是怎么坏的？

顾客：我也不太清楚，反正昨天晚上我关机了，我不能确定当时是不是好的，今天早上起来以后开机了，发短信的时候它突然死机，每次写好短信一按发送键就死机，我的手机原来一直没出现过死机的情况，后来干脆没法开机了，按开机键也没有反应。

客服人员甲：好的，我明白了，根据您的描述，我认为应该是系统的问题，当然也有可能是线路的问题，您先等会儿，待会给您做个测试就清楚了。

（客服人员甲说完就去忙了，顾客等了很长时间，有点儿着急，就来到另一名客服人员乙的面前。）

客服人员乙：您好。

顾客：你好，我手机坏了。

客服人员乙：什么时候坏的？

顾客：我也不太清楚，应该是昨天晚上坏的吧，昨天晚上睡觉的时候关机了，今天早上开机后就坏了。

客服人员乙：哦，怎么个坏法？

顾客：短信发不出去，一发短信就死机。

客服人员乙：是写短信的时候死机？还是发送的时候死机？

顾客：是发送的时候。

客服人员乙：您手机原来经常死机吗？

顾客：原来没有出现过死机现象。

客服人员乙：那您现在把短信发出去了吗？

顾客：现在直接没法开机了。

客服人员乙：怎么又不能开机了？

顾客：就是死机了几次，之后就没法开机了。

客服人员乙：您按开机键的时候，出现了什么状况？

顾客：没反应了呗，我都说了没法开机了，还能有什么状况？你真烦！

客服人员乙：哦，对不起，不好意思，您先稍等，一会儿给您做个测试。

……

点评 对于同样的问题，客服人员甲选择了认真倾听，由顾客主动描述发生的情况，轻松解决了问题，又体现出了专业精神，顾客认为自己只需做个简单陈述就好了。客服人员乙则没有耐心倾听顾客的陈述，而是将一个个问题不厌其烦地抛向顾客，这样很容易使顾客出现逆反和厌烦的心理，服务效果较差。

沟通技巧 ▶▶

★问答式的对白只有在审问犯人时才是最有效的，客服人员要走出"审问顾客"的困境，就必须学会倾听。

★顾客自发讲述事情经过的时候，客服人员要注意仔细倾听，顾客的话语中会包含很多有价值的信息。

第2节　倾听的技巧

倾听是一个富有技巧的过程，要让顾客说得更好、更多、更开心，就需要客服人员学会倾听。总的来说，客服人员只有站在顾客的立场上，用心去倾听，才能明白顾客的真正需求，提供顾客满意的服务。

情景062　站在顾客的立场倾听

只有站在顾客的立场上，从顾客的角度出发，客服人员的倾听才会更有效、更到位。客服人员在倾听时要抛弃自己的主观成见，换位思考，设身处地地为顾客着想。

（某超市服务台。）

顾客：你帮我把这些食品退掉吧。

客服人员：您好，这些食品有什么问题吗？

顾客：没有，就是不想要了，你帮我退掉吧。

客服人员：对不起，如果商品没有质量问题，是不能退换的。

顾客：我确实买它没用，事实上，我是一个糖尿病患者，是不能吃含糖食品的。我买的时候没有仔细看，买回去才发现的，我家里也没有别的人，买回去就只能浪费，所以你还是给我退了吧？

客服人员：哦，这么说您买它确实没用，那我就破例给您退了吧。

顾客：谢谢你，你真通情达理！

客服人员：不客气，建议您以后买食品的时候看一下包装袋上关于配料的说明，就知道是否含糖了。

……

点评　客服人员只有站在顾客的立场上认真倾听，才能明白顾客的苦衷以及他的真正需求，才能设身处地地为顾客着想，帮助顾客排忧解难，从而提高顾客的满意度。案例中的客服人员如果站在自己或者超市的立场上，他可能根本听不进去顾客的话，坚持用一句"没有质量问题的商品不予退换"打发顾客，最终必然会造成顾客的不满，该顾客也许会把自己的不满情绪传给周围的其他顾客，从长远来看，真正吃亏的还是超市。

沟通技巧 ▶▶ ···

　　★换位思考，假设自己是顾客，客服人员便能更好地理解顾客所遇到的问题，给顾客提供更好的解决方案。

　　★客服人员站在顾客的立场上倾听，并把自己的感受说出来，理解并关心顾客遇到的困难，可以解除顾客的防备心理，使沟通更有效。

情景063　正确地回应顾客谈话

　　沟通必须有来有往，客服人员应在不打断顾客说话的原则下，适时表达自己的观点。不管是语言交流还是肢体动作，适当地给顾客一些积极的回应，这样做一方面可以让顾客感受到尊重；另一方面有利于客服人员的思维能够跟上顾客的节奏，避免走神、疲惫。

　　顾客：我现在的电话费太高了，能给我换个便宜点的套餐吗？

　　客服人员（亲切地注视对方）：好的，小姐，您说说您的需求吧？平时都用电话做些什么？

　　顾客：主要还是打电话吧，不过发短信也不少，我一个月能发1 000条左右的短信。

　　客服人员（略带惊讶）：真不少！呵呵，您继续说。

　　顾客：不过关键还是打电话费钱，我现在用的×××业务，这个月的长途费153元，市话75元多。

　　客服人员（点了点头）：确实不少，您的手机需要经常漫游吗？

　　顾客：很少吧，我是一名学生，也就假期的时候回家才漫游，再就是偶尔出去旅游，时间都很短，漫游是需要，不过用的不多。

　　客服人员（点了点头）：哦，原来如此。

　　顾客：对了，我还经常上网，这个月的上网费也花了30多元呢，你给我推荐个上网便宜的。

　　客服人员（亲切地）：好的，您继续说。

顾客：没有了吧。

客服人员（微笑着、专业的）：嗯，小姐，我明白您的意思了，我给您推荐我们新开的×××业务吧。其中150元的套餐包括1 000分钟的本地主叫，免费接听，还有1 100条的网内短信，5G的上网流量，基本上能够满足您的需求，而且会为您节省不少费用，你觉得可以吗？

顾客：啊，这就够我用的了啊，挺好的，就这个吧。

……

点评 倾听不是简单的听顾客说话的过程，而是一个双向沟通的过程，客服人员只有积极鼓励，顾客才能更有效地表达，客服人员也能够获得更多、更有效的信息，才能为顾客提供更好的服务。积极回应顾客时，尽量不要一直用"是的""对""啊"等词汇机械回复，也不要局限于口头的交流，积极的面部表情、肢体动作都是在向顾客传达"很好，讲下去"的信号。客服人员应灵活掌控，激励顾客在轻松友好的氛围中把他所能想到的内容都表达出来。

沟通技巧 ▶▶

★倾听的姿态：身体自然前倾，表示仔细聆听；自然的微笑，亲切的眼神；双手不要交叉于胸前，也不要摆弄无关的东西。

★对顾客的表述做出适当反应，如点头、微笑，或者直接开口，如"不错，很有意思""我赞同你的说法"，等等。

★适当地沉默，如得到的信息还不够多或对顾客的表述有所怀疑，而顾客要停止叙述的时候，客服人员保持沉默并表现出在思考的样子可以引导顾客继续谈下去，从而透露出更多的信息。

🎥 情景064 摘要复述顾客的话意

客服人员复述顾客的话意时有两种情况，一种情况是在倾听中把顾客的原话作为回应直接抛向顾客，以表达赞同和理解，提高沟通的融洽度。如顾客说："我手机坏了就直接再买新的，花钱修根本就不划算"，客服人员马上回应道："是啊，不划算"，这样回应式的复述在日常交流中用得很多。

另外一种情况也被频繁运用，是在倾听顾客对事情的描述之后，客服人员进行归纳总结，把顾客要表达的意思归纳为几个要点，再征求顾客意见："看我的理解是否正确，是否还有需要补充的地方。"这样做的好处是把顾客杂乱的表述归纳起来，逻辑清晰、一目了然，避免产生误解。

客服人员：您好，××公司客服部，请问有什么能帮助您的？

顾客：你好，我的电脑出了点问题，你帮我想想办法吧。

客服人员：好的，您能描述一下具体出现了什么状况吗？

顾客：最近用起来特别慢，我打开一个网页都要等半天，而且会无缘无故地断电，直接关机。还有，电脑特别热，我坐旁边都觉得热。

客服人员：哦，还有别的情况吗？

顾客：就这样，反正很不好用，我都烦死了。

客服人员：您不用着急，问题是可以解决的，您的电脑现在出现了发热量高、运行缓慢、无故关机这些症状，我这样理解对吗？

顾客：嗯，是的。

客服人员：您现在打开任务管理器，看一下CPU的使用率好吗？

顾客：好的，啊，100%呀！

客服人员：造成这种状况的原因可能是您的电脑中毒了，病毒占用空间太大，导致CPU一直满负荷运行，发热量自然就高了，温度太高的时候，电脑的自动预警保护机制就可能自动切断电源。建议您将杀毒软件更新到最新，查杀病毒之后，电脑就会恢复正常。

顾客：哦，好的，谢谢你。

……

点评 当顾客的表述比较复杂时，客服人员需听完后复述顾客的话意，表示自己已完全理解，待获得顾客的肯定后，再提出解决方案。这样可以更好地取得顾客的信任，加强其按方案执行的信心。

沟通技巧 ▶

★复述顾客的原话给他肯定的回应，会让他产生成就感，对沟通非常
有利。

★客服人员应养成在倾听顾客的表述后摘要复述的习惯，待得到顾客的肯定后，再提出解决方案。

★复述一定要简洁明了，"摘要"一定要抓住重点。

情景065　观察顾客的肢体语言

"倾听"还要用"眼"，顾客的肢体动作也蕴含着特别丰富的语言信息。很多时候如果没有肢体动作的配合，有些事情就很难用语言描述清楚。所以，客服人员要学会观察，在沟通中真正揣摩顾客的心理，不要仅仅局限于理解顾客的话语。

（某汽车4S店）

客服人员：您好，有什么需要帮助的？

顾客：撞车了，车头这里出了点儿问题，这个灯也坏了。

客服人员：怎么撞的呀？这么严重。

顾客（一边说一边比划）：昨天晚上我开车回家，当时直行，前面突然冲出来一辆车，"咔嚓"一下就撞上了。

客服人员：真是太危险了，人没有受伤吧？

顾客：问题不是太严重，当时车上的安全气囊打得我头晕目眩，肋骨这里撞上方向盘了，肿起来了，真是吓坏了，当时满车都是焦糊的味道，我以为车要爆炸了，下意识地就爬出来了。

客服人员：只要没受伤就好，太危险了！我帮您看看车吧。

顾客：嗯，好。

……

点评　上述案例中这个撞车的过程，如果没有顾客的"比划"，客服人员将很难理解当时的细节情况。所以在顾客讲话时，客服人员一定要注意观察顾客的肢体语言。这不仅是对顾客的尊重，更重要的是顾客的肢体语言中也透露着很多他想要表达的信息，有助于客服人员更完整、更深刻地理解顾客的话意。

沟通技巧 ▶▶

★认真对待顾客的肢体语言，与认真倾听顾客讲话是一样的道理，若显得心不在焉，就可能引起顾客的不悦。

★肢体语言和口头语言是互相协调、互相补充的，客服人员注意观察肢体语言有助于理解顾客的话语。

★肢体语言的一个不同于口语的特点是不易伪装。

情景066 倾听顾客的话外之音

所谓话外之音，就是顾客想要表达却因为某种原因难以启齿、不愿直接表述的内容，往往会在他们的言语措辞、语气态度间流露。例如，某顾客咨询问题，得到客服人员的一个解决方案之后，顾客冷冷地说，"那好吧，我考虑一下，谢谢，再见"，然后就匆匆挂了电话。这样的表述说明这名顾客对该客服人员很失望，对他的解决方案毫无兴趣，根本就不会去"考虑"。客服人员只有善于倾听这些声音，在沟通中了解顾客的真实想法，才能把服务做得更好。

客服人员：您好，××公司客服部，有什么能帮助您的？

顾客（嘲讽的口吻）：我想请问一下你们的工作流程，你们都是怎么给顾客服务的？

客服人员（一本正经地）：哦，是这样的，我们是一家咨询公司，主要提供企业管理方面的咨询服务，首先是销售部门的人员明确顾客的需求意向，之后我们内部马上成立工作组，工作组会制定合作方案，顾客对方案满意时，由工作组的组长负责和顾客签约。因为关于具体的服务内容以及时间等要素在方案里都有明确体现，我们后期的服务都是按照方案严格执行的，在这个过程中如果有任何问题都欢迎随时咨询我们客服部门，谢谢。

顾客（嘲讽的口吻）：你怎么跟个电脑似的，你们这不是电话录音吧？

客服人员：先生，我是3号客服人员，很高兴为您服务。

顾客（生气地）：哦，我还以为你是个电脑呢，听起来就没智商！看看你们这什么公司，乱七八糟，就知道忽悠，我那边刚签完约，就没人管了，说是今天过来给我们的员工做培训，结果没人管这事，连个负责人都找不到。

客服人员：啊？有这样的事情，先生，您不要生气，请问为您服务的工作组的负责人是谁？

……

点评 顾客带着嘲讽的口吻提问，客服人员却完全没有注意到顾客的语气态度，一本正经地给顾客解答不相干的问题，结果使自己遭受了一番戏弄，也让公司的服务在顾客心中的印象更加差劲。客服人员在工作中可能经常会遇到这种情况，一旦听出顾客语气中的不友好态度时，应马上安抚顾客，表示歉意并询问发生了什么不愉快的事情，而不是老老实实地正面回答顾客的问题。

沟通技巧 ▶▶ ....

★学会倾听顾客的话外之音，注意到顾客有难言之隐时，应委婉试探。

★发现顾客有怨气时，应询问是什么事情让顾客不满，排除顾客的怨气
　之后再试图解决问题。

情景067　重要的地方做好笔录

人的记忆力总是有限的，顾客谈到的一些要点，尤其像一些数字总是很容易被忘记。所以客服人员在倾听时，不要忘记准备一个小本，把一些比较重要的信息记录下来。

（某公司的客服部要求每名客服人员的办公桌上都放一本备忘录，即使客服人员上门为顾客服务，也要带着这个小本，把顾客谈话中比较重要的信息记录下来。一天，业务繁忙，电话铃声响。）

客服人员：您好，××公司客服部，请问有什么能帮助您的？

顾客：你好，我按照你们的指导，服用了一个疗程的××药，当时感觉还不错，但是最近又发病了。

客服人员：您原来曾经咨询过我们的，是吗？

顾客：是啊，我上次就是打电话从你们那里邮购的药啊，大概一个月吧，应该是上个月5号左右。

客服人员（查了下备忘录）：哦，您是××市的朱先生吧？

顾客（吃了一惊）：对呀，上次就是和你说话的吧，难得你还记得我！

客服人员：我们希望对每位顾客负责到底。

顾客：谢谢！太好了。

客服人员：我应该谢谢您对我们这么信任，请问朱先生，您在服用我们的药一个疗程之后，有哪些比较明显的变化呢？（说完一边听顾客说话一边记录）

顾客：当时我感觉皮肤上的斑变小了些，也没有原来那么僵硬了，但是这两

天我觉得又和吃药前差不多了。

　　客服人员：哦，朱先生，您不用担心，基本上每位顾客都有您这样的情况，出现一点儿反复是正常的。您不用着急，等再过一个星期左右，您开始服用第二个疗程的药就可以了。

　　顾客：哦，正常的呀，听你这么说我就放心了，谢谢你。

点评　因为客服人员在备忘录上查到了这位顾客的个人信息，给了顾客一个惊喜，迅速拉近了和顾客之间的距离，最终的服务效果自然就比较好了。

　　客服人员在为顾客服务的过程中，一定要把比较重要的信息记录下来，这样既可以提高自己的工作效率，更准确地去面对顾客需求，还可以让顾客感觉受到了重视。

沟通技巧 ▶▶ ······

　　★ 身边随时准备一个小本，为顾客服务时做好记录，是对客服人员非常
　　　 实用也非常必要的一个方法。

　　★ 有些企业在使用客户关系管理系统的软件，这更有利于客服人员管理
　　　 顾客信息。

第 3 节　注意事项

　　倾听是非常严肃的，客服人员在倾听的过程中不要随意打断顾客谈话；对顾客的谈话内容有疑问或是有不同的见解时，应等顾客说完后再澄清。

情景 068　不要打断顾客的谈话

　　除非顾客的谈话跑题太远，一般情况下，客服人员不要打断顾客的谈话。因为一方面，打断他人谈话就是一种不礼貌的行为，会引起顾客的反感；另一方面，顾客后面的谈话中可能有很重要的信息，打断它就失去了获得这些信息的机会，

可能会给客服人员带来损失。

（某食品超市客户服务台。）

客服人员：您好，请问有什么事情吗？

顾客：你好，刚才你们的收银员找错了 50 元……

客服人员（打断顾客说话）：怎么会少找您钱呢？而且您当时就应该看好呀，现在您才来找我说，也晚了呀！

顾客：哦，那谢谢你们多找了我 50 元，我就不客气了。

（说完，顾客转身扬长而去，只留下满脸惊愕的客服人员在服务台发愣。）

点评　客服人员应谨记，除非在特别必要的情况下，不要打断顾客谈话。因为只有认真倾听，才能完全理解顾客要表达的所有信息，不要刚听了顾客开头的几句话，就武断地以为自己已经知道了顾客要说什么，打断顾客并盲目下结论，最后损失的只能是自己。而且，打断顾客谈话也是不礼貌的一种表现。只有当顾客表达含糊不清，实在没有听下去的意义时，为了节省时间，提高工作效率，客服人员才可以打断顾客讲话，但一定要向顾客表达歉意，如"对不起，打断一下""不好意思，我先问您一个问题好吗"等。

沟通技巧 ▶▶

★没有人喜欢自己说话时被别人打断，顾客更不例外。

★顾客还没说完时，客服人员不要以为自己已经明白了对方的意思，打
断对方就可能失去获得一些重要信息的机会。

★当顾客的谈话离题太远且啰唆含糊时，客服人员可以打断顾客谈话，
但要注意礼貌，应向顾客致歉。

情景069　听完之后再澄清疑问

随着顾客谈话的进行，客服人员肯定会产生很多疑问，也急于对顾客的一些疑问做出解释，但是，这时一定要沉住气，引导顾客继续讲下去，直至自己认为已获得足够多的信息之后，再澄清疑问。为避免遗忘，客服人员可以把一些疑问先记录下来。

顾客：我电脑坏了，没法开机了，怎么办啊？

客服人员：对不起，请不要着急，您详细描述一下具体的状况，好吗？

顾客：就是没法开机了，我按了开机键以后，它就开始启动了，可是过了一会儿，没有启动起来，它就不动了。

客服人员（引导顾客继续谈）：哦，然后呢？

顾客：然后就一直这样了，卡住了没有反应了。不是说你们的电脑质量挺好的吗？怎么这么容易坏呢？才刚买了没多久，昨天就出现过这样的情况，当时我按了"Reset"键，重启以后就好了。没想到今天又这样了，我再按那个键也不管用了，重启了还是卡住了，这下没办法了。

客服人员（开始澄清疑问）：您不要担心，我已经理解您的意思，现在再问你几个问题，好吗？

顾客：嗯，说吧。

客服人员：您刚才说电脑启动以后过了一会儿就卡住了，请问卡住的时候屏幕上有什么显示？

顾客：屏幕上出现的是"Windows 正在启动中"，就卡在这儿了。

客服人员：好的，再请问您用的是购买电脑时自带的原装正版操作系统吗？

顾客：是啊，电脑从箱子里拿出来时系统就是装好的。

客服人员：谢谢，根据您的描述，造成这种情况一般不会是硬件的原因，可能是您的操作系统出了问题，而且昨天还出现过一次这样的情况，更加证实了我的想法，所以我建议您先做个系统还原试试，好吗？

顾客：哦，那怎么还原呀？

客服人员：您重启电脑，开机后按"F11"键进入系统还原的界面，然后再根据提示操作。

顾客：好的，谢谢你。

……

点评　客服人员听到顾客关于故障的描述之后，肯定产生了疑问，但他没有急于追问，而是引导顾客继续谈下去，果然后面又得到了比较重要的信息，更加证实了他的想法，之时他才开始澄清疑问，然后提出了解决方案。

沟通技巧 ▶▶ ....

★客服人员会随着顾客谈话的深入而产生很多疑问，为了不影响顾客的
思路，应先把它们记录下来，等顾客谈话结束再询问。

★关于顾客对企业或客服人员个人的一些误解，也要等到顾客说完后再
做解释。

Chapter 4

第 4 章

善发问：问到顾客的痛点区

发问和倾听是互相依存的，发问是倾听的先导，倾听是发问的目的。客服人员在工作中，很大一部分时间都用于发问和倾听。所以，要真正做好客服工作，就必须掌握有效发问的技巧。

第 1 节　掌握发问时机

发问是客服工作中的重要一环，当需要了解顾客的真实想法，或是自己思路混乱、不明白顾客的意思时，都需要向顾客发问。此外，遇到正在生气、很愤怒的顾客时，发问也是比较好的一种处理方式。

情景 070　了解顾客的想法时

发问是沟通的一个基本要素，通过发问，客服人员可以尽快了解顾客的真正需求和想法。

客服人员：您好，有什么能帮助您的？

顾客：你好，我要退掉这双鞋子。

客服人员：是什么原因导致您有退货的想法？

顾客：唔，我买回去以后才发现根本不喜欢它。

客服人员：好的，那么您能不能说得更具体一点儿，是不喜欢它的外形还是穿起来不舒服？或者说您理想中的鞋子是什么样的？

顾客：其实我应该买××牌子的，因为我一直都穿那个牌子的，昨天是觉得这双鞋子好看所以才买了，但是买回去我就后悔了，我以后还是买××牌子的吧。

客服人员：好的，我明白您的想法了，我现在就给您办理退货手续。

……

点评　客服人员通过一步步深入的发问，了解了顾客的真实想法。客服人员的工作是以顾客满意为目的的，这就要求客服人员必须为顾客提供准确的服务，而往往只有通过发问，引导顾客回答，才能在倾听中了解到顾客的真实想法。

沟通技巧 ▶▶ ………………………………………………………………………

★只有发问才能打开顾客的"话匣子"，需要了解顾客的想法时就利用发问让顾客开口。

★注意问题的导向性，通过发问引导顾客，一步步向目标方向前进。

情景071 理清自己的思路时

通过发问理清思路，这对于客服人员来说至关重要。"您能描述一下当时的具体情况吗？""您能谈一下您的要求吗？""您需要我为您解决什么问题？"这些都是为了理清自己的思路，让客服人员明白顾客想要什么，自己能给予什么。

客服人员：您好！××公司客户服务部，请问有什么能够帮助您的？

顾客：你好，我家的电脑为什么"黑掉了"？

客服人员（有点儿懵）：黑掉了？

顾客：是的，昨天下午停电了。

客服人员（不知所以然）：哦，然后呢？

顾客：但是我昨天晚上还能正常关机。这台电脑才买了不到半年，这么短的时间怎么就坏了，不是说你们的电脑质量挺好的吗？

客服人员（思路混乱，开始发问）：您先别着急，您能告诉我现在到底发生了什么事情吗？需要我为您解决哪些困扰着您的问题？

顾客：我的电脑"黑了"。

客服人员：您说的"黑了"具体是什么意思，是指黑屏吗？

顾客：是的，就是黑屏。

客服人员：您能告诉我具体是在什么情况下出现黑屏的吗？

顾客：我在关机的时候，屏幕黑了，但电脑并没有关掉，主机还在工作，有声音。

客服人员：哦，请问黑屏上面有没有白色的小光标？

顾客：是的，有。

客服人员：请问原来有没有出现过这种情况，最后一次正常关机是什么时候？

顾客：原来没有出现过。昨天停电了，断电的时候电脑正开着，所以我怕是不是因为非正常关机引起的，但是昨天晚上来电后，我用完电脑还能正常关机，今天就不行了。

客服人员：我明白您的意思了，您别担心，造成这种现象一般是因为病毒引起的，我建议您按"Reset"键重新启动，然后按"F8"键进入安全模式，启动杀毒软件对电脑进行扫描，问题应该就可以解决了。

点评　客服人员被顾客的"黑掉了"弄懵了，再听了顾客一些不着边际的表述后开始发问，终于弄明白了真正困扰顾客的问题，最后圆满解决。

沟通技巧 ▶▶ ···

★由于自己的思想不集中或顾客的表达不清楚使自己思路混乱时，客服
　人员应借助发问重新理清思路。

★思路混乱时要注意发问的语气措辞，不能表现出焦躁、不耐烦的情绪，
　不能这样发问："我听不懂，你说的什么呀？"

情景 072　需平息顾客愤怒时

愤怒的顾客向来是客服人员最不愿遇到的服务对象之一，但这时害怕没有用，发问倒是一个比较好的解决方法。通过发问，顾客开始表述，客服人员认真地倾听，顾客的愤怒可能就此慢慢平息。

客服人员：您好，欢迎光临，请问有什么能帮助您的？

顾客：你们是什么公司啊？就知道赚黑心钱，完全不顾我们消费者的死活，你们是真正的缺德公司，你们赶紧倒闭吧……

客服人员：对不起，先生，您能告诉我到底发生了什么事情吗？

顾客（看对方态度诚恳，就稍稍平息了怒火）：好，我现在就告诉你，你看看这是什么，好好的牛奶里面居然喝出了玻璃碴儿！

客服人员：啊？有这样的事情？有没有伤到您？要是有人受伤了我们赶紧先去医院吧。

顾客（看对方充满了歉意，火气就全消了）：还好了，没伤到人，及时发现了，要是小孩子喝，可要出大事了。

客服人员：谢天谢地！没人受伤就好。非常抱歉发生了这样的事情，感谢您把这个情况反映给我们，我代表我们公司向您表示深深的歉意！我们会把这件事情通告全公司，在以后的工作中务必杜绝此类事情发生。同时，这杯问题牛奶我们会等价赔偿，并赠予您终身 VIP 客户的身份。

顾客：看你们态度还挺好的，就按你们说的办吧！以后千万可得小心了。

……

点评　愤怒的顾客往往会忘记陈述事实，开场白可能是一顿不分青红皂白的指责谩骂，客服人员应该耐心、冷静地面对顾客，关切地询问"到底发生了什么事情，让您这么生气"，让顾客专注于叙述事情，客服人员这时再表示同情、关切、歉意，往往就能使顾客平息愤怒、恢复理智。

沟通技巧▶▶

★面对愤怒的顾客时，客服人员耐心、关切的询问是平息顾客愤怒的最好办法。

★提问时要注意：不要因为顾客的愤怒也愤怒起来，语气中不要带有任何敌对的情绪，这时的顾客需要安抚。

第2节　选择发问类型

总的来说，问题的类型有开放式问题和封闭式问题两种，开放式问题是引导顾客讲述事实，如"您能描述一下当时的具体情况吗?"只需一句话，顾客就滔滔不绝了，这就是开放式问题；封闭式问题则是限定了顾客的回答范围，如"您的意思是要更换产品，对吗?"顾客就只能回答"是"或者"不是"。把客服人员向顾客的发问按目的细分，可以分为一般性发问、针对性发问、澄清性发问、选择性发问、征询式发问和启发式发问六种不同的发问类型。在谈话的不同阶段，因为不同的目的，要运用不同的发问类型。客服人员在发问时要根据具体情况灵活把握。

情景073　一般性发问

一般性发问通常是用来了解信息的，在客服工作中，无论是应对顾客的咨询、投诉或抱怨，客服人员都必须掌握足够多的信息，才能更好地为顾客服务。为了获取这些信息，客服人员必须掌握一般性发问的技巧，做到适时发问。

客服人员：王先生，为了能够更好地为您提供服务，我们需要将您的资料进行登记，麻烦您告诉我您的手机号码，好吗？

顾客：好的，××××。

客服人员：好的，王先生！请问您大概是从什么时候开始频繁出现这种焦躁不安的情绪的？

顾客：去年年底吧。

客服人员：您是什么时候认为自己可能是患病了呢？

顾客：今年2月份吧，也就是过春节的时候，和我一个朋友谈起来，他告诉我可能是生病了，建议我找心理医生看看。

客服人员：好的，王先生，后来还有别的事情发生吗？您是通过什么途径了解到我们这个机构的？

顾客：我朋友告诉我可能是生病了，起初我并没有在意，因为我一直都很健康，也不相信自己会得心理疾病，但我内心还是有点儿不安。直到上个月，我们单位换了新领导，我跟他很难相处，开始无法控制情绪，我在单位三天两头就为一点儿小事大发雷霆，虽然过后我很后悔，但当时自己根本控制不了。晚上连续失眠，我就觉得自己可能真的是"病"了，有一次半夜爬起来上网，无意中发现了你们的网站，再看了一些你们的专家写的关于这方面的文章，我才确信自己是患病了。

客服人员：好的，大体情况我们了解得差不多了，请您稍候，我们会有针对性地安排适合的大夫为您做诊断，好吗？

顾客：好的。

……

点评 案例中前几个问题都属于一般性发问。一般来说，客服人员需要通过这类发问掌握顾客的个人信息，这可能会对服务质量产生较大的影响；更重要的是通过一般性发问能够把握顾客的需求，并从逐渐发觉至准确理解，这样客服人员才会做出正确决策，为顾客提供更准确的服务。

沟通技巧 ▶▶ ···

★ 在服务的开始阶段，往往需要了解顾客的一些个人信息，这可能会对
  服务质量产生较大的影响。

★ 通过一般性发问，让顾客讲述自己的需求，客服人员从而做到认真倾
  听、准确掌握顾客的需求。

情景074　针对性发问

针对性发问一般指客服人员针对顾客表述中的某个具体细节向顾客提出问题，是为了获取更具体的信息的一种发问类型。当通过一般性发问了解到大部分信息，但这些信息仍不足以支持做出决策时，客服人员就应该对一些具体细节进行了解，根据经验就那些往往会对结果产生较大影响的细节提出有针对性的问题。

客服人员：您好，请问有什么能够帮助您的？

顾客：你好，我要投诉，我刚买不久的手机坏了。

客服人员：哦，您能说得更具体一点吗儿？是不能打电话了吗？

顾客：是的，始终信号不好，接收不到或者屏幕上什么显示都没有。

客服人员：你说的屏幕上没有显示指的是没有通信网络公司的标识，是吗？

顾客：是的。

客服人员：请问是从什么时候开始出现这种情况的？

顾客：我也不清楚，早上开机时好像就出问题了。

客服人员（针对性发问）：您早上开机的时候，您的屏幕是什么样子的？

顾客：哦，对了，好像和平时有点不一样，出来一行字，不过我没看，随手就按了确定键。

客服人员：好的，您可以试试把手机的 SIM 卡拔下来再重新插入，有可能是 SIM 卡和手机接触不良导致的，您说的那一行字很有可能就是 SIM 卡没插好的提示。

顾客（重插 SIM 卡试完后）：真的是没插好啊，现在全好了，真是太感谢你了！

……

点评　客服人员通过针对细节的发问使顾客回想起了当时的情况，并因此发现了线索，找到了问题的根源，成功地处理了顾客的投诉。

沟通技巧 ▶▶ ···

★顾客讲述完事情的大致经过后，为了更全面地理解信息，客服人员可以针对细节进行询问。

★对顾客的问题没有头绪，无法根据现有信息做出判断时，客服人员应针对某些具体细节发问，从而找出线索。

情景075　澄清性发问

顾客如果夸大其词，或是对一些无法量化的地方表述得特别模糊，如顾客说"你们的手机通话质量怎么那么差"，这时客服人员就可以问"您说的通话质量差，是什么样子的？您能详细描述一下吗？"像这样为了澄清事实，了解顾客投诉的真正原因和事态的严重程度的发问，就属于澄清性发问。澄清性发问是为了澄清事实、了解真相，根据顾客表述中一些不确切的部分诱导顾客更进一步地讲述事实。

客服人员：您好，这里是××汽车服务公司，我姓刘，请问有什么能够帮您的？

顾客：你们公司卖的什么产品啊，质量那么差，还敢拿出来卖？

客服人员：小姐，您不要激动，请问您买的是什么产品？

顾客：前两天我在你们那里换的一个雨刮片和一个助力器，这才不到一个星期，现在都不好用了。

客服人员（澄清性发问）：您说的不好用了，是什么样子？您能详细地描述一下吗？

顾客：雨刮片变形了，车窗上会留下水滴，刮不干净；助力器今天也不好使了，拧方向盘特别费力。

客服人员：不知道您当时买的哪种雨刮片？我们这里有一种很便宜的雨刮片确实可能会出现变形，不过您不必担心，如果产品质量有问题，我们可以给您更换。至于助力器呢，才换了没几天，按道理不会出现这样的情况，应该是没有安装好。您现在如果方便的话可以开车过来，我帮您检查一下，好吗？

……

点评 当顾客的表述特别模糊时，客服人员只有通过澄清性发问，才能了解事情的真相。客服工作中经常会发生顾客表述不清的情况，所以客服人员一定要掌握澄清性发问的技巧。

沟通技巧 ▶▶ ··

★当顾客的表述比较模糊，客服人员无法判断具体的程度时，客服人员
应向顾客发问以了解事实。
★客服人员在提出澄清性问题时，语气要尽量委婉，不要让顾客感觉到
挑衅的意味。

情景076 选择性发问

选择性发问主要用来确认事实，就是让顾客回答"是"或者"不是"，最多是拒绝回答，说"不知道"。这是客服人员就一些具体问题向顾客确认时的发问方式，所提问题都比较重要，答案会对最后的解决方案产生重大影响。

客服人员：您早上开机的时候就发现手机没有声音了，是不是？

顾客：是的。

客服人员：直到昨天晚上关机，您都没发现手机有任何异常，是吗？

顾客：是的。

客服人员：昨天晚上，你确定手机没有被摔过？

顾客：没有。

客服人员：您的手机才买了一个月，还在保修期内，对吧？

顾客：是的。

……

点评 客服人员连续对顾客提出选择性问题，确认事实。通过选择性发问，客

服人员要么会得出结论，要么会找到新的突破口。

沟通技巧 ▶▶ ···

★客服人员应该通过选择性发问确认一些对最终决策产生较大影响的
　事实。
★对于一些顾客表述含糊不清的细节，客服人员需要通过选择性发问进
　行确认。

情景077　征询式发问

征询式发问主要用来征询顾客意见。在客服工作中，最常见的就是在服务快
结束时，客服人员提出初步的解决方案，征求顾客是否同意的发问方式。

客服人员：您好，欢迎光临！

顾客：你好，这是我昨天从你们这里买的一台 PS4，拿回去才发现有一个按键
不好使。

客服人员：哦，是灵敏度不好吗？

顾客：是的。

客服人员（开机，试用）：感觉还可以啊，没觉得不灵啊。

顾客：那是刚刚开始，用时间长了就发现确实不好使，我买的新机器，怎么
能有这样的瑕疵呢？

客服人员（征询式发问）：哦，那我帮您换一台，您看可以吧？

顾客：嗯，行！

······

点评　客服人员做出解决方案时，一定要征求顾客同意，哪怕已经知道顾客一
定会同意这个方案。

沟通技巧 ▶▶ ···

★客服人员做出任何会影响到顾客利益的决定时，都要征询顾客意见。

★客服人员征询意见时应先提出对己方比较有利的方案，如产品质量有
问题，顾客来投诉，这时应该问"我帮你换货可以吗"而不是直接提
出"退货"。

情景078　启发式发问

服务结束时，客服人员问顾客："您还有什么需要我帮您做的吗？"这就属于
启发式发问。启发式发问是客服工作中非常常见的一种发问方式，经常用来启发
顾客思维，以帮助客服人员获得更多的信息，如"您再想想，当时还有没有别的
现象？"

客服人员：欢迎致电××银行客户服务中心，我是23号客服人员，很高兴能
够为您服务，请问有什么能帮助您的？

顾客：我办了一张你们银行的信用卡，我想咨询一下最后还款日是什么意
思啊？

客服人员：是这样的，先生，我们银行会于每个月的账单日给您寄出本月的
信用卡账单，账单上面有您本月应还款的额度和日期等信息，您要在最后还款日
之前将欠款还上，不然可能会产生利息。当然，如果您暂时有困难，也可以选择
只还最低还款额部分，这样就不会影响您的信用记录了。

顾客：哦。

客服人员：先生，您听明白我的意思了吗？

顾客：明白了，就是说我应该在那个日期之前去银行把钱还了呗。

客服人员（启发式发问）：是的，先生，请问还有其他需要我为您服务的吗？

顾客：没有了，谢谢你！

客服人员：不客气，祝您用卡愉快！

……

点评　　在服务结束时，客服人员用启发式发问"请问还有其他需要我为您服务
的吗"，这样会提高顾客的满意度。通过启发式发问，可以把服务工作做得更好，
避免出现遗漏；更重要的是表达了客服人员想为顾客提供更多的服务的意愿，有
利于提高顾客满意度。

沟通技巧 ▶▶ ···

★服务结束时的启发式发问是评判客服工作好坏的一个标准，有利于提
　高顾客满意度。

★客服人员在服务过程中运用启发式发问，可以启发顾客的思维，帮助
　他想起更多有用的信息。

第3节　注意事项

客服人员需要注意如下发问技巧：围绕主题、不要苛责和"审问"顾客，否
则可能会引起顾客的不满，造成服务工作的失败。

情景079　培养爱发问的习惯

发问是客服人员了解顾客需求的重要途径，发问还有助于缩短客服人员与顾
客之间的距离。发问是如此重要，所以要成为一名优秀的客服人员，首先需要注
意的就是养成爱问、多问的习惯。

客服人员：您好！××证券。

顾客：你好！请问孙先生在吗？

客服人员：哦，他出去办事了，请问有什么事我可以帮助您吗？

（顾客问了一个这名客服人员恰好能够解答的问题。）

客服人员：我姓王，是这里的员工，我帮您解答这个问题，可以吗？先生，
方便告诉我您贵姓吗？

顾客：免贵姓李。

客服人员：李先生您好，你要了解的问题是这样的……

（顾客得到了他想要的答案，满意地放下了电话。）

点评　顾客要找的人不在，客服人员不忘问上一句"有什么事情我能帮助您

吗"，果然顺利解决了顾客的问题。客服人员的职责就是为顾客排忧解难，所以工作中一定要主动，不要非得等到顾客找到自己了才提供服务，积极地为顾客服务更能令顾客满意，爱发问正好能够体现积极的特点。

沟通技巧 ▶▶ ···

★发问是倾听的前提，通过发问让顾客开口，进而认真倾听，有助于缩
短客服人员与顾客之间的距离。

★客服人员在工作中，不要忘记随时问上一句"有什么事情我能帮助您
吗"，主动表达为顾客服务的愿望。

情景080　别带有苛责的意味

客服人员在发问时，要特别注意自己的语气，不要带有批评或者责怪顾客的意味，哪怕只是一点点，也可能会导致顾客勃然大怒、转身而去。

顾客： 我们公司的电话怎么会有呼叫转移的功能呢？

客服人员： 请稍等，我帮您查一下，是你们公司的工作人员通过我们的呼叫平台办理了此项业务。

顾客： 怎么能这么随便就办了呢，能不能告诉我是经过谁批准的？

客服人员： 我们查看了资料，是你们公司××办理的。

顾客： 请你马上给我取消，而且请帮我一个忙，禁止我们公司所有员工通过你们的呼叫平台办理此项业务。

客服人员： 通过座机办理业务是为了方便顾客，而且呼叫转移只是一项普通功能，如果你们不使用可以不办理，我们很难对您这部电话进行限制。

顾客： 你不知道，有些员工不上班，又怕领导发现，就办电话转移，转到自己家里去。你们这种流程也不对，随便一个人说要办就能办，这样不是方便用户，而是侵权。

客服人员（苛责顾客）：对不起，我们的确很难做到这样的控制，您为什么不能通过加强内部管理来解决这个问题呢？

顾客： 你说什么？你的意思是我们的内部管理有问题？你叫什么名字？工号多少？我要投诉你！

······

点评 上面这个案例中，客服人员发问时由于用语不当导致顾客勃然大怒，使得矛盾升级。对于这类情况客服人员一定要注意，给顾客提供建议时应该委婉表述，如"您这样说非常正确，但我这里也有一个建议，您可以尝试一下……"；而不要采用"您为什么不……"这样的话术。

沟通技巧 ▶▶

★客服人员发问时要注意自己的语气，不要带有任何批评或者责怪顾客的意味。

★客服人员给顾客提供建议时，要委婉表述，不要采用问句，质问顾客"为什么不"。

情景081 发问围绕核心主题

客服人员发问时还要注意围绕核心主题，不要离题太远。对于客服人员来说，向顾客的提问应该具有导向性，引导顾客围绕核心主题进行表述。

顾客：这件衣服有质量问题。

客服人员：您好，具体是什么地方出现了问题？

顾客：你看看，这里的针脚参差不齐，看到了吧？

客服人员：哦，我看到了，这种现象很正常，这种衣服经常会出现这种情况，您原来买衣服没遇到过这种情况吗？

顾客：是啊，我第一次遇到这种情况。

客服人员：您平时是不是很少穿这类衣服呀？第一次买这样的？

顾客：你不要把话题绕远了，行不行？现在是你们的衣服有质量问题，你说怎么处理吧？

客服人员：那您的意思是想换件衣服吗？

顾客：换也行，要不就给我退掉吧。

客服人员：好，您稍等，我帮您联系一下，看这个款式还有相同大小的吗。

顾客：真是的！怎么有这样的客服人员？

……

点评　上面案例中客服人员问到了一些与核心事件无关的话题，引起了顾客的反感，服务效果必然会受到影响。

沟通技巧 ▶▶ ···

★客服人员提问时要抓住重点，引导顾客围绕主题使谈话向更深层次进行，不要问一些和主题无关的事情。

★客服人员不要询问一些和工作无关的私人问题，否则会给顾客留下不礼貌的印象。

情景082　不要"审问"顾客

连续且没有经过任何修饰的提问很容易让顾客产生被审问的感觉，因此客服人员在提问时，要注意语气和措辞。

客服人员：欢迎致电××公司客户服务部，我是131号客服人员，我先问您几个问题吧？

顾客：你说吧！

客服人员：您贵姓？

顾客：免贵姓李。

客服人员：哦，出生年月呢？

顾客：1980年9月。

客服人员：您曾经就读的小学叫什么？

顾客：你查户口啊？问这些干什么？烦不烦啊？

客服人员：对不起，这是为了防止有人冒名顶替，核对下资料，请您配合。

顾客（不耐烦）：好吧，赶紧问！

……

点评　客服人员关于顾客个人信息的连续提问惹恼了顾客，他如果在开始提问时说清原因，如"为了防止有人冒名顶替，从而给您造成损失，我需要对您的个人信息进行核对，所以请允许我先问您几个个人问题，好吗"，这样顾客就比较容易接受了，不至于对后面的提问产生反感。

沟通技巧 ▶▶ ....

★客服人员向顾客发问时，要注意自己的语气和措辞，不能让顾客产生被审问的感觉。

★"审问"特别容易引起顾客的反感，为了能够得到信息又不惹恼顾客，告诉他"为什么提问"是个好方法。

Chapter 5

第5章

巧反馈：答到顾客的心坎里

客服人员是企业和顾客沟通的桥梁，企业想要维护良好的顾客关系，就必须借助客服人员高效且优质的工作。在日常工作中，客服人员总会遇到顾客各种各样的提问，有的问题可能是企业提供的咨询服务，要求客服人员熟悉自己的业务知识；有的则可能不属于客服人员的工作范围，但也要谨慎应对，给顾客留下良好印象；有的甚至是无理取闹、有敌意的提问等，客服人员同样要有技巧地处理。

第 1 节　反馈顾客问题的方法

客服人员回答顾客提问时，必须注重回答问题的方法和技巧。平淡无味的回答会让顾客缺乏兴趣，失去对企业的好感，而幽默的、注重技巧的应答方式会让顾客对企业充满兴趣，也能满足和客服人员沟通中的情感需求。

情景083　巧妙地否定

顾客经常会问到"对不对""是不是"的问题。对于这类封闭式的问题，如果需要否定顾客，客服人员不可回答得太生硬，这时不妨带顾客"绕绕弯"，不仅能让沟通气氛变得更融洽，还能把问题说得更明白，获得顾客的信任。

客服人员：您好，××公司客户服务部，请问您需要什么帮助？

顾客：我要买一辆山地自行车，想了解一下你们公司生产的自行车到底怎么样？

客服人员：您肯定知道，山地自行车是我们公司的主打产品，很感谢您能关注我们的产品，不知道您还有哪方面的顾虑？

顾客：据说A公司的自行车质量更好一些，你们公司的产品质量是不是真的不如他们？

客服人员：不知道您从什么渠道获得这样的信息，我如果只说我们的质量更好的话，可能无法说服您。但是您可以了解一下，我们公司生产的山地自行车目前在国内的销量是最高的，市场占有率在30%以上，而A公司不到我们的一半。所以我认为如果我们的产品质量真不如他们的话，也就不会有那么多消费者选择我们了，您说是吗？

顾客：哦，我知道你们的名气更大一些，但我还是不太确定产品质量。

客服人员：我建议您上网查一查，到一些关于山地自行车的论坛看看广大车迷对我们产品的评价，您心里大概就有答案了。

顾客：哦，这倒是个办法！

客服人员：谢谢，我对我们的产品是绝对有信心的，也希望您能选择我们的自行车。

顾客：那我就上网去看看吧，谢谢你。

……

点评 顾客问了一个"是不是没有某公司产品质量好"的问题，客服人员没有直接给出答案、否定对方，因为在现今产品同质化严重的时代里，尤其是自行车这类产品，没有硬件指标作为比较，一味地说自己的产品更好只会让消费者更加不信任。从侧面说话，"拿销量对比""让顾客自己上网看消费者的评价"，这种做法会比正面回答更有说服力，还可以避免因否定顾客而带来的尴尬。

沟通技巧 ▶▶

★ 从侧面否定顾客，不直接回答顾客的问题，顾左右而言他，逐渐再把顾客带回主题，并给出否定的答案，这样做的说服力会比较强。

★ 客服人员回答这类问题的态度也很重要，一定要表现出友好中带着自信，可以批驳顾客的观点，但不能表现出轻视的态度。

情景084 巧妙地肯定

对于封闭式问题客服人员不可直接生硬地予以否定，而在需要肯定回答的时候，客服人员也应根据具体情况选择回答的方式，当沟通气氛融洽或者时间比较紧张的时候，客服人员可直接用"是的""对"等词简单有力地肯定；而当需要活跃气氛、调动顾客情绪的时候，客服人员就需要让肯定回答更巧妙一些，不妨借机对顾客适当赞美和鼓励。

客服人员：您好，××公司客户服务部，请问有什么能帮助您的？

顾客：你好，我咨询一下。你们公司生产家具的程序是我们先下订单，然后你们生产，对吗？

客服人员：没有问题，我们可以根据顾客的订单生产家具。

顾客：那要是按我们设计好的样式呢，也能生产吗？

客服人员：您问得很有水平，这个正是我们公司的最大特色，我们可以生产出顾客想要的任何形状的家具。

顾客：哦，这样挺好，是不是你们也做来料加工的业务呢？

　　客服人员：您又对了，如果你们提供材料，我们可以帮您加工；如果你们没有材料，我们就提供材料生产出您想要的家具。

　　顾客：嗯，如果和订单不符，可以退货吗？

　　客服人员：这还用说吗！不过我们还从未遇到过顾客退货的现象，因为我们都是按照顾客的要求做的。您也可以在我们制作的过程中派人监督检查。

　　顾客：哦，我明白了。

　　……

点评　　客服人员在肯定一系列的封闭式问题时，用到了"没有问题""您问得很有水平""您又对了""这还用说吗"等几种不同的表达方式，比单调地使用"是的"更容易引起顾客情感上的波动，服务效果往往会好很多。

沟通技巧 ▶▶ ....

　　★ 用一些比较幽默或者煽情的话术肯定顾客，可以让沟通更顺畅，气氛
　　　更融洽。

　　★ 客服人员在面对陌生的顾客时，要慎用这类话术，应该在培养起一点
　　　儿好感之后使用。

　　★ 时间比较紧张时不可使用，如电话沟通，冷静地把问题说明白就能使
　　　顾客满意。

情景085　附和式应答

　　顾客经常会提出一些自己的观点，以此来征询客服人员的意见，如果这些观点跟客服人员的想法是一致的，或者本身对主题没有什么影响，客服人员只需附和就可以了，而不需再拿一件毫无意义的事情长篇大论。

　　客服人员：您好，欢迎致电××商场客户服务部，请问您有什么需要帮助的？

　　顾客：你好，我昨天从你们商场买了一对音箱，当时没注意看，拿回家后发现有一块儿油漆掉落了，能换吧？

　　客服人员：是的，我们所有的音响设备都是七天内无条件退换货的，您只要在购买日起七天内有任何的不满意，都可以随时拿过来退换货。

顾客：那我就放心了，看来你们商场的服务确实不错。据说现在有很多商场承诺的无条件退换货，但到真正去退的时候，他们就找乱七八糟的理由不给退，是这样的吧？

客服人员：您说的是，但我们绝对不是这样。

顾客：好吧，谢谢你，我过两天再来换，再见。

客服人员：好的，感谢您的来电，再见。

……

点评 顾客提出了一个与主题无关的话题并征询客服人员的意见，客服人员这时只需随口附和"您说的是"，这要比和顾客继续闲聊与工作无关的话题好得多。

沟通技巧 ▶▶ ....

★ 有时顾客提出的问题并不是为了获得答案，因为答案双方都很清楚，他只是为了语言上的过渡或者情感上的缓冲，客服人员马上附和，会让亲密感提升很多。

★ 客服人员在附和顾客时不仅要注意语言，更重要的是表情，要尽量表现得跟顾客的情绪一致。

情景086 报告式回答

有的问题的内容很多，一两句话解决不了，而这些信息确系顾客想要的内容，这时客服人员就需要像做报告一样用很多语言来描述一件事物，有的甚至需要长篇大论，这就是报告式回答。

客服人员：您好，这里是××银行信用卡中心，我是××号客服专员，很高兴为您服务。

顾客：你好。

客服人员：您好，请问有什么能帮助您的？

顾客：我想申请一张你们银行的信用卡，请问申请的方式和程序是什么呀？

客服人员：我们银行申请信用卡的方式目前有三种，一种是我们工作人员上门帮您办理申请程序；第一种是您在我们的官方网站上申请；还有一种您还可以带相关证件去我们银行的营业网点申请。您希望选择哪一种呢？

顾客：哦，哪一种比较方便呢？

客服人员：要是您方便上网的话，我建议您还是去我们的网站上申请吧。

顾客：哦，那具体怎么操作呢？

客服人员：您先登录我们的官方网站，然后进入信用卡中心，点击"信用卡申请"，然后填写相关资料，并按要求上传相关证件的照片就可以了。然后我们会在一个星期内审核您的资料并将结果通知给您；如果审核通过的话会在一个月内将您的信用卡邮寄到您填写的联系地址。

顾客：哦，我明白了。

客服人员：嗯，具体的办卡程序在我们的网站上也都有说明，您可以再关注一下。

顾客：好的，谢谢。

客服人员：不客气，您还需要其他帮助吗？

顾客：没有了，再见。

客服人员：感谢您的来电，再见！

……

点评 顾客所问的两个问题都是比较复杂也比较重要的，客服人员用报告式回答的方法做了解答。这时客服人员要注意语言的逻辑性和说话的节奏，不要让顾客听完后仍然不明白。

沟通技巧 ▶▶ ··

★ 顾客经常会问一些比较复杂的关于客观事物的问题，这时候客服人员往往就需要报告式回答了，把事情尽量说得更清楚。

★ 报告式回答时，客服人员要注意自己的声音大小、停顿以及语速等，让自己的表达更容易理解。

情景087 感性式回答

回答问题是表达自己意见的方式或是告诉别人本来不知道而想知道的事情，

而有些问题想要对方准确了解，就只能用自己的感受来讲述，让听者从另外的角度来考虑问题、分析问题，这种用自己的感受来回答问题的方法就是感性式回答。客服人员在工作中也经常会用到这样的回答方法。

（某培训公司客服前台，客服人员接待顾客。）

客服人员：欢迎光临！您好，请问有什么能帮助您的？

顾客：我听说你们公司这周末有一个关于潜意识的讲座，想了解一下。

客服人员（给了顾客一张宣传单）：您看这张单子上有具体的时间、内容、收费标准和活动安排等，欢迎到时来参加。

顾客：哦，不知道这个讲课的老师怎么样？我对潜意识的东西挺感兴趣的，可现在真正能把这个讲得比较明白的人比较少。

客服人员：这是×××老师亲自主讲的，他非常棒，我曾经听过他的课，当时很大的一个教室里面坐得满满的。他刚一开口大家就鸦雀无声。他的口才特别好，非常能够调动情绪，一边讲课还一边教大家做一些很有意思的小游戏，而且挺神奇的。

顾客：哦，是吗？真这么有意思啊？

……

点评　客服人员现身说法，用自己的亲身感受为顾客描述了顾客想要知道的事物，这样做的好处在于给顾客的感受更清晰、更直观、更有说服力。

沟通技巧 ▶▶ ....

★ 有很多问题必须通过感性式回答才能描述清楚，才能更有说服力。

★ 除非在必要的情况下，客服人员不要频繁使用感性式回答，尤其在电话交流中，应尽快把事情讲清楚。

情景088　反问法应答

客服人员有时也可以用反问来回答顾客提出的问题，反问法的好处在于能让顾客认真思考，自己说服自己。但客服人员一定要注意反问的态度，不要让顾客产生不礼貌的感觉。

客服人员：您好，××公司客户服务部，请问有什么能帮助您的？

顾客：你好，我的手机出了点儿问题。

客服人员：哦，能具体描述一下吗？

顾客：电话打不出去了。

客服人员：您确定不是信号的问题吗？

顾客：信号不好会直接打不出去电话吗？

客服人员：您说呢？

……

点评　对于顾客提出的特别幼稚的问题，客服人员可以不予回答，直接反问。这样做的好处是可以让他重新思考，但要慎用，因为反问容易引起顾客情绪上的反感。

沟通技巧 ▶▶

★ 我们在平时的交流中经常会用到反问法，它能让对方认真思考自己提出的问题，也能让沟通变得更有趣。

★ 客服人员在为顾客服务时要慎用反问法，尤其是对不太熟悉的顾客，反问往往能让他们感觉受到了藐视，因此只有在沟通气氛特别融洽的情况下才可使用反问法。

第 2 节　反馈顾客问题的程序

客服人员日常工作中遇到最多的就是顾客的咨询、投诉和抱怨。对于顾客咨询，尽管顾客不会像投诉或抱怨时有那么大情绪，但客服人员仍要小心应对，不仅要用专业的业务知识熟练为地顾客解答，而且要遵守工作程序，为顾客提供高效的服务，否则也会引起顾客的不满。

情景089　记录问题

顾客提出咨询的问题时，客服人员一般需要对问题进行记录，一方面，这些问题不一定马上就做出解答，需要记录下来研究完毕后再回复顾客；另一方面，这些记录下来的问题还可以丰富客服部门的案例库，以便客服人员以后在遇到类似问题时不至于措手不及。

（某日上午，证券营业部，电话铃响，是刚开户的顾客来的电话，他找客服人员。）

顾客：小王啊，你好，我前天买的那只股票行情怎样啊？

客服人员：张总，您的股票走势良好，不用担心。

顾客：那就好，我想问一下那个ETF基金有哪些特点？怎么来操作和套利啊？还有……

张总连着问了几个问题，小王赶紧记录下来，因为对其中一些业务不十分熟悉，他于是答复：张总，不好意思，我也不是太了解，这样吧，如果您方便，我10分钟后回复您，好吗？

（10分钟后。）

客服人员：张总，您问的几个问题是这样的……

（一次回答完张总提的问题。）

顾客：谢谢你了小王。

客服人员：别客气，您提的问题给了我学习的机会，我要谢谢您才对。

……

点评　客服人员应养成记录问题的习惯，遇到顾客连续提出多个问题或者是提出了客服人员不太熟悉的问题时，记录问题的好习惯就会发挥作用。

沟通技巧 ▶▶ ···

★ 客服人员工作时要养成记录的好习惯，有的企业可能运用了一些专业的客服软件，要求客服人员随时将一些信息存入计算机；如果企业不具备专业软件，客服人员也要养成动手记录的习惯。

★ 顾客有时候会连续提出好几个问题，这时候客服人员一定要把问题先记录下来再一一作答，否则一旦忘记了问题就会给顾客留下不好的印象。

情景090　分析问题

客服人员可能会遇到顾客提出的各种各样的问题，因此必须具备一定的问题分析能力。只有准确把握了问题的实质，才能给出顾客想要的答案。

客服人员：您好，这里是××公司客户服务部，请问有什么需要帮助的吗？

顾客：你好，我买的你们公司生产的电热咖啡壶怎么不保温，煮出来的咖啡也不香呢？

（客服人员心里想：我们的电热壶质量都很好，不保温的情况一般不会发生，可能是顾客操作不当引起的。于是开始询问顾客具体原因。）

客服人员：不保温？请问您把水放入水箱后，有没有持续通电。

顾客：哦，这时候还要通电呀，那我明白了，可我煮的咖啡怎么不香呢？

（客服人员心里寻思：导致咖啡不香的原因比较复杂，可能是所用材料的关系，也可能是煮咖啡的技巧，还可能是顾客的口味独特，和我们的咖啡壶一般不会有太大关系，这是一个顾客高期望的问题，我不能给他提供可行的解决方法，只能让他高兴点。）

客服人员：哦，请问您用的是什么咖啡豆？

顾客：我用的是从牙买加进口的蓝山咖啡豆，很好的呀！

客服人员：嗯，看来您对咖啡确实很喜欢，建议您尽量将咖啡豆磨得更细一些，味道可能会好点，您有没有用速溶咖啡试过？

顾客：嗯，速溶的味道倒是挺好的。

客服人员：哦，速溶咖啡固然好喝，但是自己磨出来的咖啡喝起来可能更有成就感，您有时间可以在网上查找一些相关资料以获得更好的技巧，因为我对磨咖啡也不是特别在行，这里不能给您提供更多的建议了，不好意思。

顾客：呵呵，已经很感谢你了。

……

点评　客服人员准确分析了顾客的问题，对症下药，最后达到了顾客满意的效果。

沟通技巧 ▶▶ ···

★ 分析问题首先要准确理解顾客的语意，顾客经常会表达不清或者他所说的并非是问题的实质，客服人员要仔细分析。

★ 对于客服人员如何应对顾客的各类咨询，各个企业一般都有严格的规定，所以客服人员在准确理解问题以后，应马上将问题分析归类，然后解答。

情景091 当场解答

如果顾客咨询的问题是客服人员当场就能够解答的，这时，客服人员就不要含糊其辞，应尽快告诉顾客他所需要的信息。

客服人员：您好，这里是××公司客户服务部，请问您有什么需要帮助的吗？

顾客：你好，我有个问题要请教一下。

客服人员：请教不敢当，您有什么问题就直说吧，很高兴为您服务。

顾客：我买了你们公司生产的一套设备，现在安装完成了，我想问下这种设备需要磨合吗？

客服人员：是的，需要的。

顾客：那磨合期是怎么算的呢？

客服人员：我们这种设备对磨合的要求不是那么严格，您只需要在前期的使用过程中适当注意就可以了，大概一个月以内吧，不要高功率运行，也不要突然停机，尽量保持平稳匀速运转。

顾客：哦，我明白了。就是说这种设备的前期磨合对后期使用影响不大吧？

客服人员：不会特别大，但也有一定影响，您还是尽量按照产品说明书来操作。

顾客：好的，我明白了，谢谢！

客服人员：不客气，您还需要其他帮助吗？

顾客：不需要了，谢谢！

……

点评　顾客咨询的是一个比较简单的关于产品知识的问题，客服人员马上轻松解答，达到了顾客的预期。

沟通技巧 ▶▶ ···

★ 对于能够当场解答的问题，客服人员应热情、高效地为顾客解答。

★ 客服人员解答问题时注意自己的表达方式，要尽量说清楚，让顾客能
　听明白。

情景 092　等待解答

有时候顾客咨询的问题可能是动态的，或者是要求在未来才得到答案的，也可能不属于客服人员的本职工作，但和他的工作有关联，需要调查之后才能给出答案，这时客服人员就应请顾客耐心等待，在限制时间内为顾客解答问题。

（一位顾客怒气冲冲地走进某电信营业厅。）

客服人员：您好，先生，请问有什么可以帮助您的？

顾客：我对你们公司一点儿信心都没有了，我 12 月份已经转了 ×× 卡，1 月份才打了两个电话，现在就停机了。

客服人员：先生，不好意思，您的号码是多少，我帮您查一下。

（客服人员马上查询系统，系统显示该号码 1 月份的确只打了两个电话，费用是 0.66 元，减免项中却出现了 49.34 元，总话费为 50 元，2 月份话费未交。）

客服人员：先生，不好意思，让您久等了，您停机的原因是由于 2 月份话费出账后您的余额不够，您在前台交费后就能正常使用了，关于 1 月份的话费清单我们暂时还不能查询，过几天再给您回复，好吗？

顾客：又是过几天，我说你们有点儿责任心行不行啊。总是让我们等，到底要多长时间啊？还有完没完？

客服人员：对不起，请您理解，因为现在是这个月的结账期，我们的系统暂时不能查询，我保证在明天下午 3：00 之前一定给您回复，我的工号是 ××××，有什么问题的话，您可以随时找我，我先帮您登记好吗？

顾客：那好吧。

（登记过后）

客服人员：谢谢您的合作，我会尽快处理的，请慢走！

点评 顾客提出的咨询内容是无法立即完成的，所以客服人员限定了答复时间，在限制时间内给顾客提供咨询内容，就可能使顾客满意。

沟通技巧▶▶

★ 有时候顾客咨询的本来就是一个要在未来的某个时间点才能答复的问题，因此客服人员不要忘记顾客的嘱托，按时提供顾客想要的信息。

★ 有时候顾客咨询的问题尽管发生在过去，但是要得出具体的结论就需要客服人员花时间去整理计算，这时要为顾客承诺时限，并按时回复。

情景093 配合处理

有的情况下，顾客咨询的问题是客服人员一个人无法答复或是无法让顾客满意的，可能需要同事或者上司的帮助，这时客服人员就应向同事或上级积极求助，共同完成工作。

客服人员：您好，这里是××证券公司客户服务部，请问您有什么需要帮助的吗？

顾客：你好，我是你们公司的客户，我想要一份投资建议。

客服人员：好的，请问您的客户编号是多少？

顾客：××××。

客服人员：哦，是王先生吗？

顾客：对。

客服人员：好的，为了保护您的财产安全，我在这里需要核对一下您的账户资料，请问您……

顾客：……

客服人员：王先生，您想要一份投资建议，对吧？

顾客：嗯，我希望你们能把我最近的交易总结一下，然后给一份新的建议，我重新做下计划。

　　客服人员：好的，这个事情应该由您的客户代表负责，并与相关分析师一起为您服务的，我现在把电话转接给您的客户代表接听，好吗？

　　顾客：哦，这样啊，那你转吧。

　　客服人员：好的，再见！王先生。

……

点评　客服人员找其他部门的同事协作处理了顾客的问题。很多问题都是客服部门无法独立解决的，客服人员遇到这类问题时应主动寻求配合。

沟通技巧 ▶▶ ··

　　★ 很多问题是客服人员一个人无法处理的，必须借助同事的帮助才能完成，这时客服人员应主动寻求帮助。

　　★ 有时候因为顾客的不信任，执意要跟比客服人员更高级别的领导沟通，客服人员应极力劝说顾客让他相信自己，如果实在无能为力再寻求上级帮助。

情景094　顾客满意

　　客服人员为顾客提供完咨询服务后，还要注意顾客对结果的满意程度。不要不顾顾客的感受而自说自话，一定要确保顾客听明白了客服人员所讲的内容，获得了他想要的信息。

　　客服人员：您好，这里是××健康咨询中心，请问您有什么需要帮助的吗？

　　顾客：我想问一下怎么减肥啊？

　　客服人员：嗯，关于减肥这个问题呢，的确有很多人都很困惑，您也是遇到了这方面的麻烦吗？

　　顾客：是啊，我这两年开始有点胖了，现在又有小肚子了，开始想减减肥，但是一直减不下去，不见效果啊。

　　客服人员：哦，看来您的肥胖症并不严重，仅仅是对身材不太满意，对吗？

　　顾客：是的，我原来体型刚刚好，但从这两年开始有点儿偏胖了。所以我想知道怎么才能减下去。

客服人员：减肥主要是控制好饮食、适当运动以及养成良好的作息习惯，您目前只是稍稍有点儿发福，并没有影响到您的健康，因此建议您保证规律的作息时间和健康的饮食习惯，并加强体育锻炼，这样不仅能把您多余的脂肪减下去，而且能锻炼出美观的肌肉，获得更健康的身体。

顾客：嗯，我也是这么想的。

（客服人员继续跟顾客交谈，获取了关于顾客身高、体重和职业等方面的一些信息，然后和顾客一起制订了一套饮食计划、运动计划以及作息时间表，提交给顾客之后再次发问。）

客服人员：您对我帮您做的计划满意吗？还有没有别的要求？

顾客：真是太好了，太感谢你了，我一定按你给我制订的计划办。

客服人员：您太客气了，很高兴能为您服务，请问您还有其他需要帮助的吗？

顾客：没有了，谢谢你。

客服人员：不客气，感谢您的来电，再见！

……

点评 客服人员为顾客提供完咨询服务后，询问顾客是否"满意"，得到肯定的答案后又问顾客"还有其他需要帮助的吗"，这是客服人员处理顾客咨询的必经流程，一定要确保顾客得到满意的结果。

沟通技巧 ▶▶

★ 客服工作是以顾客满意为标准的，咨询服务更不例外，因此客服人员在服务即将结束时别忘记询问顾客的感受。

★ 电话沟通时，只有在顾客表示已经满意，然后挂了电话的情况下，客服人员才能挂断电话。

情景095 整理记录

客服人员在处理顾客咨询时，最后一项工作就是整理记录，对于顾客提出的一些比较新颖的问题，无论能否给予完美解答，都应整理记录并归入问题库，以便以后共同研究对策或供下次遇到类似问题时借鉴。

客服人员：您好，这里是××公司客户服务部，请问有什么能帮助您的？

顾客：你好，我有个问题想要咨询。

客服人员：您请讲。

顾客：我想问一下你们公司生产的那种饮料里面含咖啡因吗？

客服人员：是的，有少量的咖啡因成分。

顾客：哦，那具体是一瓶含有多少呢？

客服人员：不好意思，因为我们的饮料里的咖啡因含量特别低，所以也没有做过调查，具体的含量我们也不清楚。

顾客：可我就是想知道具体的含量，我希望自己每天摄入的咖啡因不要过量。

客服人员：对不起，我目前确实不知道具体的含量，我把您的问题记录下来并反映上去，如果能够通过测试得出结果的话，再告诉您好吗？

顾客：好吧。

……

点评 顾客经常会咨询一些在客服人员看来比较怪异的问题，但这些问题可能对顾客很重要，不能回答就面临着顾客的流失。所以客服人员要把这些问题记录下来，寻求答案以备下次使用。

沟通技巧 ▶▶ ⋯⋯⋯⋯⋯⋯⋯⋯⋯⋯⋯⋯⋯⋯⋯⋯⋯⋯⋯⋯⋯

★ 无论准备得多么充分，顾客总会提出一些客服人员意料之外的问题，客服人员应把这些问题整理记录下来，研究其最完美的回答方式并跟其他同事共享。

★ 客服人员对于遇到的一些自认为回答不够妥当的问题，也应整理记录下来，寻求最恰当的答案。

Chapter 6

第6章

能说服：说到顾客的软肋上

客服人员在工作中，经常给顾客提供了合适的解决方案，但顾客却不愿采纳，这时客服人员就需要运用一些技巧来说服顾客，这样既可以达到最终的目的，也提高了工作的效率。

第1节 说服顾客的策略

客服人员说服顾客的关键就是取得顾客的信任，这要求客服人员从一开始就营造认同的氛围，为顾客着想，再理性分析、对症下药，从专业的角度为顾客出谋划策。

情景096 营造出认同的氛围

从谈话的一开始，客服人员就应试图营造一个说"是"的氛围，而不要形成一个说"否"的氛围。也就是不要把顾客置于不同意、不愿做的位置，然后去批驳他、劝说他。如"我知道你会反对……可是事情已经到这一步了，还能怎样呢"，这样的说法顾客往往是难以接受的。在说服顾客时，客服人员要先假定对方是认同的，如"我知道你能够把这件事情做得很好，只是还有点儿犹豫而已""你一定会对这个问题感兴趣的"等，从积极、主动的角度去启发、鼓励顾客，帮助他提高信心，并接受自己的意见。

客服人员：您好，××公司客户服务部，请问您有什么需要帮助的？

顾客：我买了你们公司的××药，一个疗程快服用完了，可我有些担心。

客服人员：您请讲具体担心什么问题？

顾客：这药是不是副作用太大了，我最近老觉得睡不醒，浑身也没劲儿，要不然我就不吃了，反正就是腿有点儿疼，多少年的老毛病了，我也能忍得住。

客服人员：其实您不用太担心，这药是有一定的副作用，但像您刚才说的现象都是很正常的，您还是正常服用就好了。

顾客：我还是不吃了吧，万一老病没治好，又添新病就不划算了。

客服人员：请问您，是不是大多数西药都有一定的副作用？

顾客：是的。

客服人员：您看别人生病还不是都在吃药，不能因为害怕副作用就拒绝吃药吧，这个道理您肯定也明白。

顾客：那倒是。

客服人员：您肯定也想把腿疼的病治好了，到时候想去哪里都随便去，多好！

是这样的吧？

顾客：那样当然好了。

客服人员：我也知道您对我们的药肯定是很信任的，只是有一点点犹豫，怕药的副作用引起不良反应，其实这种药的副作用很小，您就只管放心服用，早点把病治好了，好吗？

顾客：你说的也是，我只是有点儿担心，所以就打电话问问，那我就继续服药吧。

客服人员：好的，祝您早日康复。

顾客：谢谢！再见。

……

点评　客服人员先连续向顾客问了几个都能得到肯定答案的问题，让顾客产生"肯定回答"的惯性；然后又说顾客"只是有一点点犹豫，对我们的药很放心"，假定顾客站在认同的立场上，最终成功说服了顾客。

沟通技巧 ▶▶

★假定认同，即在沟通中说每句话之前，都假定顾客是认同的，以这样的口吻说出来顾客更容易接受。

★惯性肯定，即多向顾客提出会得到肯定回答的问题，使得交流进入顾客惯性肯定的氛围中，一般情况下顾客都不会提出太多的异议。

情景097　以顾客的角度出发

要说服顾客，客服人员就要考虑到顾客的观点或行为存在的客观理由，即设身处地地为顾客着想，使顾客产生一种"自己人"的感觉。这样，说服的效果会十分明显。

（某电脑城售后服务部）

客服人员：您好，欢迎光临，有什么需要帮助的？

顾客：我刚买了一台电脑，是在这里安装操作系统吧？

客服人员：是的，我给您安装吧，请您先休息一下。

顾客：谢谢！

（客服人员开始安装操作系统，顾客在旁看着，突然开口了）

顾客：啊？怎么是 Windows10 的操作系统啊？我要 XP 的。

客服人员：对不起，这台电脑是由厂家提供的正版 Windows10 操作系统，如果想要更换，就要和厂家取得联系，恐怕比较麻烦。

顾客：可是我用不惯 Windows10 操作系统，据说兼容性也不好。

客服人员：确实，如果换我是您，我肯定也会为适应一个新的操作系统而感到厌烦，但是再想想，Windows10 毕竟是一个更高级的版本，再过几年就会取代 XP，所以迟早都会有一个适应的过程，还是早点用 Windows10 比较好，您说我这样想对吗？

顾客：你说的倒也是啊，那就装 Windows10 吧！

客服人员：好的。

……

点评　客服人员站在顾客的角度阐述了更换操作系统的必要性，最终成功说服了顾客。

沟通技巧 ▶▶ ···

★只有从顾客的角度出发，才能理解顾客的真正顾虑，找到问题的真正原因，才知道从哪里入手说服顾客。

★只有从顾客的角度出发，用顾客的思维方式考虑问题，才能说出顾客的想法，帮助顾客作出决策。

情景 098　积极取得顾客信任

客服人员在说服顾客的时候，最重要的是取得他的信任。只有顾客相信客服人员之后，他才会正确地、友好地理解客服人员的观点和理由。社会心理学家认为，信任是人际沟通的"过滤器"。只有对方信任你，才会理解你友好的动机；否则，即使你说服他的动机是友好的，也会经过"不信任"的"过滤器"而变成其他东西。因此，在说服顾客时取得顾客的信任，对客服人员来说是非常重要的。

客服人员：您好，××公司客户服务部，请问有什么需要帮助的吗？

顾客：你好，我买了你们公司的杀毒软件，怎么电脑还是经常中毒呀？

客服人员：请问您是使用我们公司的"××杀毒套装"吗？

顾客：是的，就是那个。

客服人员：您是不是把杀毒软件、防火墙和上网保护程序三个软件都安装使用了呢？

顾客：是的。

客服人员：请问您及时更新病毒库了吗？

顾客：还可以吧，反正提示更新的时候我就更新了。但是我电脑里现在还有别的病毒，而且你们的杀毒软件根本就杀不了。

客服人员：您能说得更详细点儿吗？

顾客：我感觉电脑运行慢，后来打开任务管理器，发现CPU使用率比较高，其中有个××程序占用较多，后来上网一查，原来是个病毒程序，可我把你们的杀毒软件更新到最新版本，全盘扫描也杀不了毒呀！

客服人员：哦，我明白了，确实有这样的情况。建议您登录我们的官方网站输入您的用户名和密码，然后用在线杀毒功能查杀吧。

顾客：要是还杀不了呢？

客服人员：是这样的，现在没有哪款杀毒软件能够做到完美，当然也包括我们的产品，因为它是发现新病毒出现以后，添加病毒信息到病毒库，然后杀毒软件才能查杀此类病毒，所以在时间上就存在滞后性，内容上也欠全面，我在这里不能鼓吹我们的产品有多厉害，只是在行业内还是比较好的而已。

顾客：你倒是挺诚实的。

客服人员：谢谢，所以说在您的电脑上出现我们杀毒软件不能识别的病毒是正常的，可能是病毒库不够全面的原因。之所以建议您去我们的官网在线查杀，主要是因为在线查杀用的是我们服务器端的病毒库，相对于客户端的病毒库更新要快，内容也要全面得多。

顾客：哦，是这样啊。

客服人员：是的，您购买了我们的产品，就自动成为了我们的会员，在线杀毒是免费的。

顾客：那好吧，我去在线杀毒吧。

客服人员：请问您还有别的事情需要帮助吗？

顾客：没有了，谢谢你。

……

点评　客服人员的诚实取得了顾客的信任，他提出的建议，也就很容易被顾客采纳了。

沟通技巧 ▶▶ ···

★信任是客服人员说服顾客的关键，只要取得了顾客的信任，说服工作就会事半功倍；相反，如果顾客不信任，说服则是无效的。

★从顾客的角度出发，站在顾客的立场上考虑问题，是取得顾客信任的前提，只有这样才能想顾客之所想，急顾客之所急，赢得顾客的信任。

★沟通中，客服人员友善的态度、饱满的工作热情也能在一定程度上赢得顾客的信任。

★客服人员要注意和顾客保持长期关系，信任感是可以积累的，有利于以后的服务工作。

情景 099　理性分析对症下药

顾客对客服人员的建议存有疑虑时，肯定是有客观原因的，这时客服人员就要寻找顾客产生疑虑的真实原因并对症下药、理性分析、切中要点，自然会说服顾客。

顾客：你帮我查一下上个月的手机话费吧，我感觉花了很多钱。

客服人员：好的，请稍等。……您上个月总共消费 156 元，其中月固定套餐费 20 元，本地通话费 21 元，长途通话费 91 元，其他费用 24 元。

顾客：啊！怎么打那么多呀？

客服人员：我建议您更换 ×× 业务吧，您现在用的这个业务打长途收费比较高，您的话费中长途通话费所占的比例太高了。

顾客：是吗？可我发短信、打市话也不少呀，换了业务之后会不会其他费用又提高了？

客服人员：您可以算一下，您现在的长途通话费占到了总消费的 58% 左右，而本地通话费和短信费加起来还不到长途通话费的一半，所以说您目前的整个套餐搭配是不合理的。

顾客：哦，那你说我换什么业务好呢？

客服人员：建议你开通××业务的80元套餐，另外再加一个20元的短信包，估计您每个月的通话要求就应该能够满足了。

……

（顾客最后听从了客服人员的建议，更换了手机套餐）

点评　客服人员通过理性分析，把顾客的各项费用进行对比，总结出顾客的"套餐搭配不合理"，从而成功说服了顾客，并给顾客提供了合理化建议。

沟通技巧 ▶▶ ………………………………………………………

★在任何情况下，客服人员都要保持理性，分析顾客产生顾虑的真正原　因，只有找准了"病因"，才有可能解决问题。

★找到了真正的问题以后，客服人员就要站在顾客的立场上，提出对顾　客最为合理的建议。

第2节　说服各类型顾客

客服人员在工作中还要注意判断顾客的性格类型，不同性格类型的顾客容易接受的劝说方式完全不一样，所以客服人员要先准确判断顾客的性格类型，然后采用有针对性的技巧进行说服，这样工作效率就会提高很多。

🎥 情景100　活泼型顾客

活泼型顾客的性格特点是活泼开朗、热情奔放、直率豁达，乐于接受新事物，具有很强的创造力。但同时，他们缺乏耐心，注意力不集中，不能很好地跟进事情；他们不爱思考，容易情绪化，会给人留下变化无常的印象；他们自我表达欲望强，不注意聆听、记忆，爱抢着回答问题，却又经常使事情变得没有条理。他们最需要的是别人的注意和认同，所以客服人员在和活泼型顾客沟通时，首先要对他们表示认同，赢得他们的好感，然后再委婉地提出建议；切忌"说教"，这会让他们很不耐烦。

客服人员：您好，××公司客户服务部，请问有什么能帮助您的？

顾客：你好，那个 A 牌子的洗发水是你们公司生产的吧？

客服人员：是的。

顾客：哦，这个牌子的去屑洗发水效果不错啊！

客服人员：是的，我们的产品采用了高科技的配方组合，去屑效果确实很好。

顾客：那你说我是用 A 牌子呢，还是 B 牌子呢？我最近有头皮屑了。

客服人员：这两个都是我们公司的品牌，产品质量都是很好的，具体选择哪个还是要根据您的个人喜好，当然 B 牌子的产品做得相对要好一些。

顾客：哪个去屑效果更强？

客服人员：这个不好做比较，总体来说，去屑效果都差不多，只不过我们对 B 牌子的定位是高端产品，它除了去屑之外，对头发的养护效果也要更好一些。

顾客：可是我朋友说两种产品她都用过，感觉 B 牌子不如 A 牌子好用。

客服人员：是经常会有这种情况发生，因人而异。拿"牛肉面"和"牛肉"相比，很明显牛肉的价值要高很多，但很多人更喜欢吃牛肉面。同样，B 牌子的生产成本要高很多，对头发的养护价值自然也要高，但很多人都觉得 A 牌子用起来感觉更好。

顾客：你说得挺对，这个道理我也明白。

客服人员：我建议您可以先用 B 品牌，过段时间你再试试 A 品牌，对比一下，您感觉哪个更好，以后就用那个，好吗？

顾客：好的，谢谢你。

点评　客服人员先对顾客表示了认同——"是经常有这种情况"，然后通过一个形象的"牛肉面"的例子，消除了顾客的顾虑，提出建议。活泼型顾客比较感性，形象的说明比理性的分析更容易让他们接受。

沟通技巧 ▶▶ ···

★客服人员首先要判断顾客的性格类型，活泼型顾客比较外向、乐观、热心、大方，话比较多而且逻辑性比较差，往往声音比较大，手势多，肢体语言丰富，喜好自我表现。

★客服人员对活泼型顾客要多表示注意和认同，赢得他们的好感，在劝说时最好形象地做比喻，不要讲枯燥的理论。

情景101　完美型顾客

完美型顾客很像一个"思想家"。他们重视逻辑、善于分析，喜欢透过事物的表象，发掘其内涵和真相，甚至自己动手寻求问题的答案。他们具有天生消极的倾向，常常顾虑重重。完美型顾客最需要的是逻辑和体贴，客服人员在说服他们的时候首先要关心他们，然后帮他们仔细分析。

客服人员：您好，××公司客户服务部，有什么能帮助您的？

顾客：你好，我购买了你们公司的××产品。

客服人员：谢谢您对我们产品的信任，请问您是在使用过程中遇到了什么问题吗？

顾客：我不知道它是不是真的有用，我不知道还需要喝它吗？

客服人员：感觉您好像对减肥特别没信心，是这样吗？

顾客：我已经胖了好几年了，也用过不少的减肥方法，节食、运动都没什么用，到现在我还是个胖子。

客服人员：其实呢，减肥在于坚持，没有人可以一天两天就体会到明显的减肥效果。我们这个产品的原理呢，就是阻止人体对多余脂肪的吸收，减少脂肪细胞的堆积，减肥功效自然毋庸置疑。

顾客：那你说它对我会有用吗？

客服人员：肯定是有用的，但具体效果是否明显，还要看您是否按照说明书科学饮用，还有您的饮食、运动等都影响着最终的效果，建议您制订一个减肥计划，有规律地生活一段时间，减肥效果应该会比较明显。

顾客：你说的也是，要是还暴饮暴食，估计吃什么产品都不会有用。

客服人员：就是这个道理，即使用我们的产品没有达到预期的减肥效果，在其他方面对身体也是有好处的，毕竟这是真正的健康产品，您就放心饮用吧，好吗？

顾客：好的，谢谢你！

点评　客服人员先对顾客表示关心，和顾客拉近关系，了解顾客的真正顾虑，再仔细分析，最终说服了顾客。

沟通技巧 ▶▶ ··

★ 完美型顾客往往表现得比较严肃、文静、随和、举止得体，说话时条理性强，不善于作决策也不容易相信别人的意见。

★ 劝说这类顾客的时候，客服人员首先要给予他们足够的体贴，安抚其情绪，然后从逻辑上说明该建议的合理性。

情景 102　力量型顾客

力量型顾客重视效率，喜欢控制局面，能够坦诚地表达自己的意见，并在交流中占主导地位。但他们往往喜辩好斗，控制欲强，不愿承认自己的错误。力量型顾客最重视的就是成就感，客服人员和他们沟通时应适当"恭维"和"示弱"，委婉提出建议，切忌和他们陷入"辩论"当中。

顾客：你好，哪位？

客服人员：您好，我是××公司的客服人员，我们想做个市场调查，请您帮帮忙，可以吗？

顾客：对不起，找别人吧，我忙。

客服人员：很快的，只需要几分钟就好了，您就帮帮我吧，好吗？

顾客：那你赶紧说。

客服人员：（调查结束后）为了表示对您的感谢，我们有一份精美的礼品送给您，请您留下通信地址好吗？

顾客：不用了，我不需要。

客服人员：没有别的意思，仅仅是对您今天配合我们的工作表示感谢，您就留下通信地址吧。

顾客：我怕你们给我寄一些乱七八糟的广告。

客服人员：不会的，请相信我，而且您今天在百忙之中帮我们做了调查，我个人也特别感激您，希望您能收下我们的礼物。

顾客：那好吧，我就把地址给你吧。

……

点评　客服人员向顾客示弱"您就帮帮我吧"，使顾客答应了他第一个条件——配合做调查问卷。当要寄礼物表示感谢的时候，顾客拒绝透露地址，这时客服人员采用同样的方式，表示感激，最终也说服了顾客。

沟通技巧 ▶▶

★力量型顾客是表现得很强势的一类人，他们办事雷厉风行，说话直来直去，不绕弯子；稍有不同意见，他们就会马上开始辩论，不管有理没理，他们也会坚持自己的观点。

★客服人员遇到这类顾客时，不要和他们讲太多道理，争辩是没用的，应适当示弱或恭维。

情景103　和平型顾客

和平型顾客是最易相处的"老好人"，性格低调、随和，与世无争，善于倾听，具有超然的处世风度。他们最需要的是尊重和有价值感，"中间路线"是其常有的选择，客服人员说服他们时，可同时提出几条建议供他们自行选择。

（某证券交易所，顾客和他的客户代表正在交谈着）

顾客：M股票这两天走势不错，我想买进一批，你看怎么样？

客服人员：这只股票最近的走势是不错，可总体来说，买它还是风险太大。

顾客：哦，是吗？

客服人员：您看近期这个行业的股票普遍下跌，只有这只股票一枝独秀，我觉得风险比较大。

顾客：哦，那最近什么股票比较安全？

客服人员：××行业的股票最近都是稳中有升，而且未来应该也会持续一段时间，我建议您买N股票吧。

顾客：哦，可我觉得买那个收益太低了。

客服人员：我建议您分散投资吧，M股票和N股票都买一部分，这样既安全，也可能会得到较高的收益，您认为怎么样？

　　顾客：嗯，我也是这么想的。

　　……

点评　客服人员帮助顾客选择了折中的方法——"分散投资"，说服了顾客，这是和平型顾客的典型特点：善于倾听，爱走折中路线。

沟通技巧 ▶▶ ···

　　★和平型顾客性情平和、与世无争，低调、冷静、谦让、有耐心、善于
　　倾听，往往表现得不急不躁，能够很冷静地与客服人员交谈。

　　★和平型顾客是最容易被说服的，因为他们善于倾听，客服人员只要把
　　道理讲明白，他们一般都会听取意见。

　　★和平型顾客有自己的决策标准，就是"折中"，所以客服人员不要给他
　　们太偏激的意见。

Chapter 7

第 7 章

平抱怨：安抚顾客的焦虑心

客服人员在工作中经常会听到顾客的抱怨，只要顾客所得到的产品或服务与他们的期望值之间存在差距，他们就会产生抱怨。据调查显示，一个产生抱怨的顾客会把他的不满情绪传递给周围 12 个人，这样就可能造成 12 个不满的潜在顾客，可见抱怨的危害是巨大的。如果能够处理好顾客抱怨，75% 的人还会继续购买；如果当场能够解决顾客抱怨，95% 的人会继续购买。所以说，掌握处理顾客抱怨的技巧对于每位客服人员来说都非常必要。

第 1 节　尊重顾客抱怨

作为客服人员，首先要做到尊重顾客抱怨。要理解顾客抱怨是因为顾客的期望值和他们所得到的产品或服务之间的差距产生的，可能是己方做得还不够好；即使做得已经相当好了，也很难满足不同顾客的个性化需求。因此，顾客产生抱怨是很正常的事情，客服人员需要保证自己的情绪不受顾客影响，然后耐心安抚顾客。

情景 104　调整情绪

客服人员在处理顾客抱怨时调整自己的情绪很重要，因为这时的顾客是充满怨气的，一名抱怨的顾客的情绪往往是愤怒的、失望的和冲动的，他们可能出言不逊，甚至可能会对客服人员进行人身攻击，而这时，客服人员仍然需要耐心地对待顾客，要使自己不受顾客的影响，就必须学会调整情绪。

（某客服人员因为生活中的一些琐事有点烦躁，早晨刚一上班，客服电话就响了，她拿起电话。）

客服人员（冷冷的）：喂，你好。

顾客（愤怒的）：你们什么破公司啊，还有没有点儿道德？

客服人员（也生气了，没好气地说）：我们公司怎么了？你先说清楚好不好，别一上来就开骂。

顾客：我就是要骂你们这缺德公司，还有你，大清早的声音听起来就跟鬼一样，在电话里都吓人。

……

（于是，该客服人员和顾客吵了起来，后来顾客投诉到上级部门，最后公司不但扣了她这个月的奖金，还让主管带着她上门给顾客道歉才算了事。）

点评　客服人员因为生活中的琐事影响了情绪，没有及时调整过来，而顾客的愤怒就像导火索一样，客服人员的情绪被点燃并与顾客争吵了起来，最后给自己和公司都造成了非常大的损失。

客服人员一定要注意，不能把生活中的负面情绪带到工作中，更不能带着这种情绪和顾客沟通，所以每一位客服人员都要适时调整自己的情绪，保证以良好的状态和顾客沟通。调整情绪的方法有很多种，如语言暗示、行为暗示、选择性遗忘等。

沟通技巧 ▶▶ ··

★不要把生活中的不愉快带到工作中，不要带着负面情绪和顾客沟通。

★保证自身情绪不受顾客影响，不要因为顾客的出言不逊而与顾客发生争吵。

情景 105　表示歉意

面对顾客的抱怨，客服人员首先应该表达的就是歉意，不管是否因为己方做得不好，都要安抚顾客的情绪，然后试图跟顾客讲道理，化解顾客的抱怨。

客服人员：您好，请问有什么能帮助您的？

顾客：你们公司怎么这样啊？根本不注重顾客的感受，你们这服务也太差了吧？

客服人员：对不起，一定是我们有哪些地方做得不好，让您生气了，我向您道歉，为了……

顾客（打断说话）：对不起，对不起，你现在说对不起有用吗？

客服人员（充满歉意）：对不起，先生，请您消消气，把具体的事情告诉我，我一定会全力帮您解决的。

顾客（平静了一些）：你们平时把服务做好了不就省事了吗？一出事就知道说对不起。

客服人员：其实我们公司向来都是比较重视客户服务的，不然您也不可能选择我们公司的产品，是吧？但是，偶尔也可能会在工作中出现失误给您造成困扰，我对此感到非常抱歉，我们公司也会对自己的失误负责的，请您不要生气，好吗？

顾客：我也是听别人说你们公司的服务挺好的，可是……

（此时顾客已经没有了丝毫愤怒，开始和客服人员交谈了起来。最终不但成功解决了问题，还给顾客留下了良好的印象。）

点评　安抚顾客的第一步就是向顾客表达歉意，既然顾客对产品或服务产生了抱怨，客服人员就先承认是己方做得不够好并向顾客道歉，这样能很快消除顾客的怨气。

沟通技巧 ▶▶ ....

★当顾客对产品或服务产生抱怨时，客服人员应首先同意顾客的观点，
　承认是己方做得不够好，然后向顾客道歉。
★即使顾客的态度咄咄逼人，客服人员只需真诚地向顾客道歉，多说几
　个"对不起"，顾客的态度自然会缓和很多。

情景106　表示理解

顾客产生抱怨是很正常的事情，客服人员要表示充分的理解，这样能有效化解顾客的怒气。

客服人员：您好，有什么能帮助您的？

顾客：我真是受不了了，你们公司卖的这是什么东西呀，这么不好用，你们的设计人员都是干什么的，他们有没有替顾客考虑过呀，你们就知道赚钱，这不是坑人吗？

客服人员：对不起，对于我们的产品给您带来的困扰我感到非常抱歉，请您不要生气好吗？

顾客：我能不生气吗？你说"对不起"多轻松，却不知道我们有多麻烦。

客服人员：真的非常抱歉，的确，我们每个人都会因为商品和自己的预期不一致而特别恼火，我也有过您这样的经历，所以我现在完全理解您的感受，我必须为此道歉。恳请您消消气，告诉我具体的事实，好吗？

顾客：咳！其实我也没生多大的气，就是这产品确实有点不好用，不够人性化。

......

（顾客平息了怒火，开始讲述事实）

点评 客服人员用"我理解您的感受，必须为此道歉"成功地使顾客平息怒火，开始讲述事实。表示理解说明客服人员是站在顾客的角度思考问题，这很容易赢得顾客的好感，取得顾客的信任，自然对处理顾客抱怨有很大的帮助。

沟通技巧 ▶▶ ....

★ 给顾客道歉之后，若顾客仍然充满怒气，客服人员应向顾客表示理解
   以进一步平息顾客的怒火，赢得顾客的信任。

★ 向顾客表示理解时，客服人员应站在顾客的角度思考，避免使自己的
   话语显得虚情假意。

情景107 表示感谢

顾客的抱怨是督促公司进步的助推器，客服人员理应对其表示感谢；同时，表示感谢可以向顾客表明公司有责任感和为顾客着想的态度，能够赢得顾客的好感，有利于处理顾客抱怨，强化顾客的忠诚度。

客服人员：您好，××公司客户服务部，请问有什么能帮助您的？

顾客：你们公司怎么回事呀？产品质量差，送货慢，你们还想不想做生意了，这样下去谁还会买你们的东西，你们还能欺骗我们消费者多久啊？

客服人员：对不起，对于我们公司的产品和服务给您带来的不便我深表歉意，同时非常感谢您将这样的情况及时反映给我们，我们一定会全力为您解决的，谢谢您！您能描述一下具体发生了什么事情吗？

顾客：其实也没什么大事……

（顾客开始描述事实，最终客服人员成功解决了问题）

点评 客服人员在给顾客道歉的同时表示了感谢，拉近了和顾客之间的距离，顾客便不再责难，开始描述事实。

沟通技巧 ▶▶ ···

★听到顾客抱怨时，客服人员应及时表示感谢，这种负责任的态度能有
　效缩短与顾客之间的距离，有利于处理顾客的抱怨。
★处理完顾客抱怨后，客服人员别忘记再次向顾客道谢，展现公司对待
　顾客抱怨的积极态度。

第 2 节　找到抱怨事由

　　客服人员适当安抚顾客情绪后，就要试图找出顾客抱怨的事由。这个过程需
要注意的是委婉发问、仔细聆听和认真记录。

📽 情景 108　委婉发问

　　成功安抚顾客情绪后，客服人员就需要通过发问找出顾客抱怨的事由。这时
客服人员需要注意发问的方式和语气，因为抱怨的顾客总是带着负面情绪，在问
题得到彻底解决之前往往不能完全恢复理性，这不是几句安抚的话就能解决的。
如果客服人员发问的方式或语气不当，则可能再次惹怒顾客，甚至激化矛盾。

　　客服人员：您好，这里是××公司客户服务部，请问有什么能帮助您的？

　　顾客：你们的手机质量太差了，信号差得要死，这样下去谁能受得了。

　　客服人员：您的意思是我们的手机信号太差，对吗？

　　顾客：是呀。

　　客服人员：那您跟我说说差到什么程度？

　　顾客：打电话听不见声音算不算差？

　　客服人员：哦，你能说的清楚点儿吗？是不是您所处的环境的原因，还是确
实是手机的问题？

　　顾客：我说得还不够清楚吗？如果不是你们手机的问题我干嘛给你们打电
话啊？

　　客服人员：哦，那一直都是这样吗？还是手机最近出问题了？

顾客：要是一直这样我就不会现在才给你打电话了。你就说怎么办吧，你们这些客服人员一点儿都不负责任，只想着推卸责任，从不站在顾客的角度考虑问题，你赶快帮我解决问题吧！（顾客更生气了，开始大声嚷嚷）

点评　顾客回答问题时明显带着"火药味"，客服人员却置之不理，执意继续问下去，最终使顾客又生气了。这位客服人员在向顾客发问时，已经察觉到了顾客的不友好，要是能做出解释，换一个提问的方式，效果也许会好很多。如把"那您跟我说说差到什么程度"换成"因为我们的手机信号向来是广受好评的，您这种情况并不多见，为了了解具体情况，麻烦您跟我介绍一下手机信号具体差到了什么程度"。

沟通技巧 ▶▶ ....

★发问是了解顾客抱怨的唯一途径，但要注意发问的时机，要在顾客的情绪得到安抚变得比较平稳的时候发问。

★发问的方式和语气很重要，客服人员最好用"为了……请问……"的句式。

情景109　仔细聆听

只有客服人员仔细聆听，才能了解顾客抱怨的真正原因。同时，仔细聆听也是化解顾客抱怨的有力武器。顾客抱怨往往就是为了发泄怒气，并不一定是为了解决问题，这时只要有个人专心聆听并适当给予安慰，就可成功化解顾客的抱怨。

客服人员：你好，××出版社客户服务部，请问有什么能帮助您的？

顾客：你们太不负责任了吧？就知道赚钱，却从来不为我们消费者考虑，你们这样的企业怎么还不倒闭！

客服人员：对不起！请您不要激动，因为我们给您带来的烦恼，我向您表示歉意。

顾客：抱歉抱歉，出了问题就知道说抱歉！没人指出来你们就能蒙混过关了，是不是？

客服人员：我完全理解您此刻的感受，肯定特别恼火，也很感谢您能将具体情况反映给我们，对于做得不足的地方，我们一定会努力改进，谢谢您！

顾客：你还挺会说话，那我就告诉你吧。

客服人员：嗯，您说吧，我在听。

顾客：我买了你们出的一本书，买回来以后发现有缺页，那一页的内容对我来说特别重要。

客服人员：哦，真是对不起。

顾客：还有，错别字到处都是，印刷也不好，有很多看不清楚的地方，你们的书质量真是太次了。

客服人员（心里嘀咕"应该是盗版书吧，不然质量不会这么差的"，于是问顾客）：哦，这确实太糟糕了，请问您这本书是什么地方买的？

……

（经过进一步了解，最后证实了客服人员的猜想，这位顾客买的果然是一本盗版书。但客服人员并没有责怪顾客，而是对他的举报行为表示感谢，并建议他与图书的销售商取得联系，追回损失。顾客发了几句牢骚后也表示挺不好意思，对客服人员表达了谢意。）

点评　客服人员通过仔细聆听，了解到顾客抱怨的是图书缺页、错别字以及印刷质量差等问题，于是怀疑这位顾客买的是盗版书，经过进一步了解证实了他的想法，成功处理了顾客的抱怨。

顾客讲述抱怨事由时，客服人员一定要仔细聆听，以免遗漏细节。仔细聆听还能化解顾客的怒气，有利于处理顾客的抱怨。

沟通技巧 ▶▶ ·······································

★ 顾客描述事实时，客服人员一定要认真聆听，找出顾客抱怨的真实原因，这样才能成功处理顾客的抱怨。

★ 仔细聆听是处理顾客抱怨的有力武器，抱怨的顾客最需要被关心，客服人员这时应做好聆听工作。

情景 110　认真记录

客服人员在聆听顾客抱怨的时候，要认真记录并进行归纳整理，然后再向顾客确认事实，避免出现遗漏或误解顾客所讲内容。

客服人员：您好，××网站客户服务部，请问有什么能帮助您的？

顾客：你们网站的体育新闻写得太烂了，你们难道就不能改进一下，让我们读着舒服点儿？

客服人员：对不起，因为我们的工作不到位给您造成了困扰，对此我深感抱歉。为了能更好地为您服务，请您详细描述一下，并给我们一些具体的改进建议，好吗？

顾客：我每天看国际足球频道的新闻，可你们那些体育编辑的倾向性太强，明显都在帮自己喜欢的球队说话，一点儿都不公正，还有就是标题说得很邪乎，可一点击进去发现内容完全不一样，这不是骗点击量吗？总这样下去我们读者就烦了，迟早会离开的。

客服人员：嗯，我记下了，还有别的方面吗？

顾客：还有断章取义，故意用一些球员的语言歧义制造话题，这是没有职业道德的表现，你们再这样下去，我反正是不会看你们的新闻了，我相信其他人也和我一样。

客服人员：嗯，还有呢？

顾客：大概就这么多吧，你们自己看着办。

客服人员：好的，我明白您的意思了，刚才听您给我们提的建议大概可以分为三个方面：第一，文章的倾向性太强；第二，文章的标题太夸张；第三，断章取义，制造话题。我说的对吗？

顾客：对，就是这个意思。

客服人员：好的，谢谢您对我们网站的长期关注，我一定马上将您的建议反映给相关部门。

……

点评　客服人员把顾客讲述的内容记录下来，并归纳成三个方面的内容，再向顾客询问以确认事实，体现了认真负责的工作态度。

沟通技巧 ▶▶ ···

★顾客描述事实时，客服人员应做好记录，不要遗漏比较重要的细节。

★等顾客讲完后，客服人员要把所记录的内容进行归纳整理，再向顾客
确认，得到确认后才能向下一步进行。

第 3 节 寻求解决之道

客服人员在成功安抚顾客情绪和找到抱怨事由之后，就要处理顾客抱怨了，
这是整个过程中最重要也是最困难的环节，客服人员要认真对待。

情景 111 敢于承认错误

客服人员在了解到顾客抱怨的具体事由后，如果确实是己方的错误就应该勇
敢承认，并向顾客道歉，不要试图和顾客狡辩。因为处理顾客抱怨的目的就是化
解顾客的不满，重新赢得顾客的信任。顾客抱怨往往就是为了讨个说法，他们要
的也许只是客服人员能够承认错误。

客服人员：您好，××快餐公司客户服务部，请问有什么能帮助您的？

顾客：哎呀！你们公司怎么做服务的，不多为顾客着想，就你们这样做生意，
还想赚钱？

客服人员：对不起，肯定是我们有哪些地方做得不对让您失望了，谢谢您打
电话给我们指出来。

顾客：哼，你的态度还不错，不过你们公司的送餐员可真不怎么样！

客服人员：哦，您能详细描述一下到底发生了什么事情吗？

顾客：我中午在公司不想出去吃饭，就打电话叫了一份你们公司的外卖，你
们的饭是做得不错，看着都好，可是你看看那个送餐员的手，黑油油的，在我的
饭盒上还留下几个指印呢。

客服人员：哦，我明白您的意思了。这确实是我们考虑不周，在送餐员的卫
生形象方面没有多加留意，是我们工作的失误，我向您表示歉意，同时也感谢您
的提醒，谢谢您！

顾客：嗨！这倒也没什么，不过毕竟是吃饭的事，卫生很重要，你们以后一
定要注意，让送餐员戴副手套不就解决了嘛。

……

点评　　了解到顾客抱怨的事由后，客服人员勇敢而明确地承认了错误并向顾客道歉，顾客便不再抱怨，而是善意地提出了改进的建议。因为在很多情况下，顾客向公司抱怨并不是为了获得经济补偿或其他好处，他们需要的只是精神发泄，讨一个说法。这时客服人员只要积极承认错误，诚恳地道歉，就能有效化解顾客的怨气，重新赢得顾客的信任。

沟通技巧 ▶▶

　　★ 听完顾客关于抱怨事由的描述后，客服人员应该首先承认己方的错误，
　　　并向顾客道歉。

　　★ 即使是顾客的误解或无理取闹，客服人员也应该找理由向顾客认错，
　　　适当的示弱是处理顾客抱怨的有效方法。

情景112　巧妙做出承诺

　　客服人员在处理顾客抱怨时，应该在适当的时机做出承诺，这对于化解顾客怒气、安抚情绪、消除不满都是非常有用的，但是一定要履行自己的承诺，也不要说大话，承诺自己办不到的事情。

　　客服人员：您好，××网络游戏公司客户服务部，请问有什么能帮助您的？

　　顾客：你们这破游戏没法玩了啊，老掉线，而且我商城里的金币神秘消失了，你们把玩家当什么了？这和抢劫有什么区别，你们穷疯了吧？

　　客服人员：对不起，因为我们的工作失误给您造成的损失我表示非常抱歉。

　　顾客：哼！对不起有什么用。

　　客服人员：不过您放心，您的金币肯定不会无缘无故消失的，如果确实是由于我们的系统故障引起的，我们核查以后肯定会给您补偿的，您不要担心。

　　顾客：那就好，不过这几天为什么特别卡，还老掉线啊，这样下去这个游戏没法玩了。

　　客服人员：确实非常抱歉，因为最近游戏玩家猛增，超出了我们的预期，所以服务器这边的压力比较大，我们现在正在积极改进，预计一个星期之内就会彻底解决这个问题，请您耐心等待，好吗？

顾客：哦，这样啊。

客服人员：这从另一方面也说明我们这个游戏很流行，有那么多新玩家加入您肯定也会高兴的，对吧？

顾客：那倒也是。

客服人员：好的，关于您的金币问题，我们需要核查一下数据，大概需要五分钟，您给我留个电话，我们核查完之后再与您联系，好吗？

……

点评 面对顾客咄咄逼人的攻势，客服人员冷静地做出承诺"金币不会平白消失，情况属实会补偿"，在使顾客放心的同时也化解了怨气，处理抱怨就容易多了。

沟通技巧 ▶▶

★客服人员做出承诺要把握好时机，一般在稳定顾客情绪和提出解决方案时使用。

★谨慎承诺，不要承诺办不到的事情。

★信守承诺，一定要履行承诺。

情景113 提出解决方案

处理顾客抱怨的最重要环节就是提出解决方案，客服人员应该对当前的情况进行评估，然后提出合理可行的解决方案，争取使顾客满意，也可以同时提出两个或多个解决方案，供顾客选择。

（某化妆品超市服务台）

客服人员：您好，请问有什么能帮助您的？

顾客：我要见你们经理。

客服人员：对不起，我们经理现在正在开会，请问您找他有什么重要的事情吗？

顾客：我想问问他，你们的员工欺骗顾客该怎么办？

客服人员：实在对不起，一定是我们哪里做得不好让您生气了，您能详细描述一下吗？

顾客（拿出一瓶化妆品）：你看看这个是祛痘的吧？我本来要买这个牌子的抗衰老产品，结果没找到，你们的导购员告诉我这个是新包装，我就信以为真了，幸亏刚才我看了下产品说明，不然就真买回家去了。你说你们这不是在欺骗顾客吗？还有没有职业道德？

客服人员：真对不起，您不要生气，我来为您处理这件事情吧，请您稍等，我去了解下情况。（片刻后回来）对不起，我们的导购员理解错您的意思了，这个是厂家推出的新品，所以她就跟您说是新包装了。

顾客：那我不管，反正是误导我了。

客服人员：是的，您说的对，这的确是我们工作的失误，我让她给您当面道歉。这盒产品我们也可以为您退货或换其他同等价值的产品，并送上一份精美的小礼品表达我们的歉意，好吗？

……

点评 向顾客道歉、提供经济补偿、送小礼品等都是处理顾客抱怨的有效手段。

沟通技巧 ▶▶ ....

★一般来说，道歉、提供补偿、送小礼品都是常用的处理顾客抱怨的方法，客服人员可酌情使用。

★客服人员可以同时列出两个或两个以上的解决方案，供顾客自由选择，往往能更有效地处理顾客抱怨。

情景114 给予顾客鼓励

在处理顾客抱怨的结尾阶段，客服人员应给予顾客适当的鼓励，如"欢迎您下次再来，很乐意为您服务"等，这样做的目的是表现了公司对待顾客抱怨的态度是积极处理而不是推卸责任，将顾客的抱怨视为公司发展的动力。另外，如果条件允许的话，还可以给顾客一些好处及优惠政策，长此以往就会形成很好的社会美誉，对公司的发展有益无害。

客服人员：您好，××汽车网站客服部，请问有什么能帮助您的？

顾客：你们网站的编辑能不能认真点啊？你们写的文章连小学生的作文都不如。

客服人员：对不起，由于我们的工作不到位让您失望了，您能具体说说是哪些方面的问题吗？

顾客：你看看错别字到处都是，拜托，写完文章之后检查一遍好不好？还有那个××车的报价也是错的，后面多了一个零，吓我一大跳，我还以为这个车就这个价呢！

客服人员：嗯，好的，我们一定马上改正，还有别的方面吗？

顾客：就这些吧，你们的文章是写得不错，可就是太粗心了，小错误不断，让我们看起来很吃力。

客服人员：谢谢您对我们网站的关注，还为我们指出了这些工作中的不足，我一定马上把情况反映上去，希望以后的工作中不再出现类似错误。欢迎您以后继续监督我们的工作，为了表达谢意，我们网站邀请您参加我们这周末的车迷活动，现场有很多有意思的游戏，还赠送精美的礼品，本来只有我们的 VIP 贵宾才能参加这个活动，但您提出的建议确实对我们很重要，所以真诚地希望您能参加，谢谢！

顾客：是吗？那很好啊，你告诉我时间和参加的方式吧！

……

点评 客服人员通过邀请抱怨的顾客参加公司的车迷活动，体现了公司对顾客及顾客抱怨的重视，这样下去公司会形成良好的社会影响力，这位顾客如果再有类似的不满也可能会作为建议提出，而不会产生抱怨了。

沟通技巧 ▶▶ ··

★客服人员鼓励顾客将抱怨讲述出来，体现了公司积极对待顾客抱怨的态度。

★客服人员可以用给予物质奖励、邀请顾客参加活动等方式激励顾客。

情景115 征询顾客意见

客服人员在提出解决方案时，要征询顾客的意见，等顾客同意后再做决定。

（某网络销售公司前台，顾客完成网上交易后上门提货，办完手续后等待商品出库，但一个多小时后，商品仍未能找到，顾客开始抱怨。）

顾客：什么时候能找到呀？我都等了快两个小时了，你们公司怎么回事啊？效率这么低吗？我的时间可浪费不起啊！

客服人员：对不起，耽误您的时间了，我们感到很抱歉，我们已经加派了人手正在库房帮您寻找。由于近期订单量实在太大，我们的库房比较拥挤，个别货物可能出现了乱放的现象，请您谅解。

顾客：谅解！难道我的时间就是免费的吗？

客服人员：实在不好意思，让您久等了。要不您先回去，等我们的工作人员找到货物后，由快递公司给您送上门，费用由我们承担，再赠送您一份精美的小礼品，以示感谢。您看可以吗？

顾客：我考虑一下，嗯，那大概什么时候能送到我家？

客服人员：正常情况下一到两个工作日，您放心吧，要是今天找不到货物，我就帮您重新下单，后天应该也能到货。

顾客：那就这么办吧。

点评　客服人员在提出解决方案时，要征询顾客的意见，不可自己做决定。需要注意的是，客服人员在征询顾客的意见时，语气一定要委婉，让顾客体会到是自己在行使决策权，同时认为这是最好的解决方案。否则，即使是合理的解决方案，也可能因为客服人员的大意而使顾客发怒，从而激化矛盾。

沟通技巧 ▶▶ ······

★提出解决方案的时候，客服人员一定要征询顾客的意见，待顾客同意后再做决定。

★客服人员可以用选择法向顾客提问，如"我们可以给您免费换货，也可以给您一定的经济补偿，您认为哪样更好呢"。

情景116　寻求上级帮助

即使客服人员很努力，也可能会出现一些自己无法处理的顾客抱怨，这也许是因为客服人员没有足够的权限满足顾客的要求，或者是顾客的无理取闹，这时客服人员就需要寻求上级的帮助，请上级出面处理顾客抱怨，否则可能会使矛盾激化。

顾客：你们超市怎么回事？我喝了从这儿买的牛奶之后肚子疼。

客服人员：是吗？要不要紧，赶紧去医院看看吧？

顾客：那倒不用，你们赔偿我损失就可以了。

客服人员：赔偿？

顾客：是呀，你们卖的产品有问题，影响了我的健康，难道不应该赔偿吗？

客服人员：请问您买的是什么牛奶，包装袋现在还在吗？我们超市不会出售过期或是有质量问题的牛奶，您肚子疼也可能是别的原因。

顾客（拿出牛奶包装盒）：你看，就是这个，我才喝了一半。

客服人员：这牛奶没过期呀，应该不会有问题吧，这需要经过厂家检测，您确定是牛奶的问题吗？您现在肚子还疼吗？

顾客：现在当然不疼了，反正刚才我本来没事，可是刚喝一口牛奶就开始肚子疼。

客服人员：哦，那我们把这半杯牛奶封存起来给厂家做检测，等检测结果出来之后再由他们决定是否给您一定的补偿，好吗？

顾客：那不行，我可不相信你们的检测，反正我是在你们这里买的，我就要你们给我赔偿。

客服人员：可是现在根本就不能确定这牛奶是否存在问题，我们是不能给您赔偿的。

顾客：你们不赔偿我就不走，我还要宣传，说你们的产品有问题，叫大家都别买了。（说完之后开始大声叫嚷）

客服人员：好吧，我把您的情况反映给我们上级领导，请您稍等一下。

……

点评 客服人员发现自己已经无法掌控局面的时候，将情况反映给上级是明智的做法。客服人员经常会遇到一些自己无法解决的问题，及时寻求上级的帮助，才能把工作做得更好。

沟通技巧 ▶▶ ···

★当局面已不在自己的掌控范围之内，顾客的要求超出了自己的权限时，
客服人员应主动寻求上级帮助。

★在顾客强烈要求与更高权限者谈判，不肯配合客服人员的情况下，客
服人员应寻求上级帮助。

情景 117 别与顾客争执

在处理顾客抱怨的整个过程中，客服人员需要谨记的就是，千万不能和顾客
发生争执，有不同的意见应该委婉地向顾客表达，不要让本来就充满怨气的顾客
再添怒气。

（某超市客户服务台）

客服人员：您好，请问有什么需要帮助的吗？

顾客：你们卖的电风扇一点儿都不好用呀，功率那么高，却没多大风，什么
垃圾产品呀，害我白花钱。

客服人员：哦，像这样的事情您应该去找厂家，我们只负责卖，您的要求已
属于售后服务的范畴，也许是电风扇坏了，您去找厂家了解一下吧。

顾客：你们这里要是不卖这样的垃圾产品，我还能买到它吗？不要说得好像
和你们一点儿事都没有一样，出点儿事就知道推卸责任。

客服人员：这本来就没有我们的责任，是您无理取闹，您自己买东西不看清
楚了，现在后悔了来骂卖东西的。

顾客：我无理取闹？你是怎么说话的，你们眼里还有没有顾客，你们就是一
个缺德公司，卖些垃圾产品，你们卖的要是好东西，我会来找你吗？反正我以后
是不会来你们这地方买东西了，大家都别来了，这个超市卖的东西尽是垃圾货！
（顾客开始大声嚷嚷，引来无数人围观）

……

（顾客很不满，最后客服主管出面调解才解决了此事。）

点评 本来是顾客产生抱怨情绪这样很简单的一件事情，客服人员耐心解释就

可以成功处理，最后却不得不让客服主管出面解决。

沟通技巧 ▶▶ ....

★处理顾客抱怨时，客服人员不要和顾客发生争执，要耐心解释。

★客服人员应注重自己的职业操守，即使顾客怒气很大、出言不逊，也
　要耐心对待。

Chapter 8

第8章

理投诉：平息顾客的不满感

处理顾客投诉是客服人员最重要的日常工作之一，当公司提供的产品或服务与顾客的期望值之间存在差距时，顾客就会产生不满，这些不满的顾客中有一部分人就会向公司投诉，期望得到解决。顾客投诉对于公司来说是一笔财富，因为一方面，顾客投诉就说明他还未完全放弃对公司的信任，有希望挽回；另一方面，通过处理顾客投诉，和顾客沟通并聆听他们内心的声音，可以促使企业进一步改善，向前发展。处理顾客投诉不当，会影响公司和顾客之间的关系，甚至还会影响公司的形象，造成恶劣的影响，所以客服人员要掌握处理顾客投诉的技巧。

第1节　处理投诉的基本流程

客服人员处理顾客投诉时，应按照正确的流程执行，只有每个环节都能做到位，才能最大限度地消除顾客的不满，重新笼络顾客的心。

情景118　认真聆听

聆听是一门艺术，客服人员从聆听中可以发现顾客的真正需求，从而获得处理投诉的重要信息。聆听还是一种礼貌，能有效化解顾客内心的怨气。

客服人员：您好，欢迎致电××公司客户服务部，请问有什么能帮助您的？

顾客：你好，我要投诉。

客服人员：好的，请您描述一下具体发生了什么事情。

顾客：是这样的，我今天中午出去的时候有人发给我一张传单，我一看，上面写着你们公司××路的营业厅正在做活动，"开户上网即送路由器"，于是我就过去开户，等到了的时候告诉我路由器没有了，已经送完了。可是宣传单上也没写"送完即止"什么的，写的本活动是到明天才结束呢，害我白跑一趟，我这边离那个营业厅比较远，打车过去好几十块钱呢，还浪费我半天时间，时间也是钱呀！这就是欺骗顾客的行为。

客服人员（仔细听完后点点头）：好的，我已经明白了具体发生的事情，请留下您的联系方式，我们调查清楚以后，会给您一个满意的答复，好吗？

顾客：好的，我的电话是××××，谢谢你。

……

点评　顾客的那段话里包含了很多信息，有关于投诉事件的起因、经过以及对事件处理的期望，客服人员通过认真聆听完全理解了顾客的用意。通过顾客最后说的"谢谢"可以看出，客服人员的认真聆听博得了顾客一定的好感。

沟通技巧 ▶▶ ···

★ 顾客投诉时会讲述事件的经过，客服人员应认真聆听并记录，为接下来的调查工作提供线索。

★ 顾客投诉时往往会透露自己对事件处理结果的期望，客服人员应通过认真聆听来发现。

★ 聆听是一种礼貌，认真聆听则是在向顾客传达敬意，这能有效消除顾客内心的不满。

情景119 及时道歉

顾客投诉的时候往往都伴随着不满的情绪，所以经常会显得很生气，此时客服人员如果仍漠不关心，或找借口逃避责任，只会使顾客火冒三丈。无论己方有没有错误，客服人员都应适时地表示歉意，这对事情的处理大有好处。

客服人员：您好，××公司客户服务部，请问有什么能帮助您的？

顾客（怒气冲冲）：我要投诉，你们的服务太差了，太不像话了。

客服人员：对不起，先生，请您告诉我具体发生了什么事情？

顾客（很生气地说）：我前几天叫你们一个同事帮我办××业务，结果当时办不了，她就说三天内给我办，她会主动和我联系。可现在都过了五天了，还没有她的消息。

客服人员：那真是太不应该了，我代表我的同事向您道歉。

顾客（语气有所缓和）：你才知道啊，真是气死人了！

客服人员：非常抱歉！因为我们的工作失误让您如此生气，不好意思。

顾客（怒气渐渐平息）：我还是要投诉那个客服人员。

客服人员：好的，您还记得她的工号吗？

顾客：好像是22号吧！

客服人员：嗯，我知道了，我们调查完毕会给您一个满意的答复。请您留下联系方式，我们会在两个工作日内和您联系。

顾客：嗯，我的电话是××××。

客服人员：好的，请保持电话畅通。请问您当时需要办的是什么业务，我现在还能帮您吗？

顾客：就是你们新出的××业务，现在能开通吗？

客服人员：哦，可以的，请您稍候，我帮您转接过去就可以办理。

……

点评　客服人员代表自己的同事向顾客道歉，逐渐平息了顾客的怒气，还顺利帮助顾客办了新业务，可见这一系列的举动已经重新拉回了顾客的心。所以说，无论事实是否如顾客所说的那样，道歉都是必要的。

沟通技巧 ▶▶ ··

★只要顾客带着怒气，客服人员就应向顾客道歉，"让您这么生气，一定是我们的错误"，这样说话能有效化解顾客的怒气。

★客服人员处理投诉时应多向顾客道歉，但一定要显得真诚，不要让顾客觉得"假惺惺"和"只说话不办事"。

情景120　仔细询问

仔细询问是为了引导顾客说出问题的重点。顾客的陈述是调查事件真实情况的依据，加之投诉事件通常比较复杂，因此客服人员必须仔细询问顾客一些问题的要点。

客服人员：您好，欢迎致电××公司客户服务部，请问有什么能帮助您的？

顾客：你好，我要投诉。

客服人员：好的，请您说说具体发生了什么事情，好吗？

顾客：我买了一台你们公司生产的笔记本电脑，可拿回去后刚用了不到两天就出故障了，突然死机，开机的时候会有"吱！吱！"的声音。后来我把电脑拿到你们的维修点去修，修好以后没用几天又坏了，我要求换货，结果经销商让我找维修点开个有质量问题的证明，但是你们的维修点不给开，说正在维修。可是都修了快两个月了还没修好！我要投诉你们维修点的工作人员，不仅不给开证明，服务态度还特别不好。

客服人员：哦，我大概明白了您的意思，为了更好地为您服务，请允许我问您几个问题，好吗？

顾客：你问吧。

客服人员：请问您是在什么地方买的电脑？

顾客：××电器商场××店。

客服人员：哦，再请问您第一次将电脑拿去维修的时候有没有超过购买以后七天的时间？

顾客：没有，当时就是购买后第三天，购买的发票和维修单上都有日期，我有证据。

客服人员：嗯，好的。请您告诉我维修点的具体名称。

顾客：××××。

客服人员：好的，我们需要核实一下具体情况，然后给您答复，请您留下联系方式，我们会在三个工作日内跟您联系的，好吗？

顾客：好的，我的电话是××××。

……

点评　　客服人员在了解了顾客的大致意图后，又问了几个很关键的问题，其结果将对事件的调查和最后的决策产生重大影响。

沟通技巧 ▶▶

★通过询问引导顾客说出一些对投诉事件的判断产生重要影响的事实。

★客服人员对于投诉事件的关键点，要向顾客再次询问加以确认。

情景121　表示同情

顾客在投诉时经常满腔怨气，认为自己遭到了不公正的对待，这时如果能得到客服人员的同情，会让他们的情绪得到安抚，对客服人员产生好感，对最终的投诉处理大有好处。

客服人员：您好，××公司客户服务部，请问有什么能帮助您的？

顾客：我要投诉！

客服人员：好的，请您说说具体发生了什么事情？

顾客：我前天买了一双你们公司生产的鞋子，结果刚穿了一会儿就出现了断面现象，今天去商场退货，结果他们不给退，说五折商品不能退货，可买的时候又没告诉我，而且凭什么打折的商品就不能退货啊，你们还尊重国家的三包规定吗？

客服人员：对不起，请问您是在哪家商场买的这双鞋子呢？

顾客：××商场。

客服人员：哦，您当时是以五折的价格购买的这双鞋子，对吗？

顾客：是啊。

客服人员：嗯，我明白了，您遇到的情况的确让人很难接受，请您不要生气，我们和商家取得联系后，帮您协调好吗？

顾客：是啊，这什么世道啊，真是店大欺客。

客服人员：请您不要生气，耐心等待我们帮您解决问题好吗？

顾客：只要能给我把问题解决了就好，看你们这态度还不错，那商场的服务态度太差了。

……

点评 客服人员对顾客表示同情，并劝导顾客耐心等待，表示一定帮其解决问题，赢得了顾客的好感。客服人员应谨记，处理投诉不仅要解决顾客遇到的问题，还要想办法挽回即将流失的顾客。

沟通技巧 ▶▶

★顾客自认为是弱势群体，当他们投诉时，非常需要客服人员的同情。

★客服人员对顾客表示同情，也能表现出愿意帮助顾客的诚意，这有利于取得顾客的信任。

情景122 记录问题

由于大多数顾客投诉都不是当时能够处理的，往往需要通过调查、核实具体情况以后才能给出解决方案，因此客服人员一定要将顾客投诉的具体内容及顾客资料记录下来，待情况调查完毕后再联系顾客，给出解决方案。

客服人员：您好，××公司客户服务部，请问有什么能帮助您的？

顾客：我要投诉你们公司一个工号为23号的客服人员。

客服人员：哦，请问具体发生了什么事情让您这么生气？

顾客：她对工作不负责任，我今天早上打电话问你们公司的××活动几点举行，她告诉我下午两点，结果我刚才去了，说明天早上才举行呢，害我白跑一趟，这样的员工太不像话了。

客服人员：嗯，好的，我记录一下，是23号客服人员，对吗？

顾客：是的。

客服人员：好的，我已经记录完毕，我们会尽快调查，在两个工作日内跟您联系，请您保持电话畅通，好吗？

顾客：好的。

……

点评

客服人员记录了顾客关于投诉的一些信息，以便于开展内部调查。因为只有经过调查才能给顾客提出解决方案，才能在内部责任到人，提高管理服务水平，而调查之前惟一的线索就是顾客提供的信息，所以客服人员把它记录下来就显得尤为重要了。

沟通技巧 ▶▶

★客服人员要将顾客描述的事实简要记录下来，这是接下来展开调查的依据。

★关于顾客的一些个人信息，客服人员也要询问并记录，因为投诉处理一般都要回访。

情景123 解决问题

解决问题是处理投诉中最核心、最重要的一环，客服人员在前期了解情况的时候就应试探顾客想要的解决方案，然后在调查清楚具体事件以后，向顾客道歉并根据企业的相关投诉处理规定尽量给出顾客最满意的解决方案，还要征询顾客是否同意。如果顾客不同意，则问他有什么提议，接下来进一步协商；如果自己无法处理则请示上级并积极跟进，让顾客及时了解投诉处理的进展情况。

（某超市服务台）

顾客：我要投诉，叫你们管事的出来！

客服人员：我就是这里的主管，请问是什么事情让您这么生气，我能帮您什么呢？

顾客：你们门口那个保安，刚才不让我进超市，要强行检查我的包，我不给查，他居然说我看起来不像好人！后来我硬要进来的时候，他还推我。

客服人员：有这样的事情发生，真的很让人生气，我代表我们全体工作人员向您表示歉意。

顾客：你们超市居然有这样的员工，我是来买东西的顾客，你们居然不让进，还侮辱我，今天一定要讨回个公道，要不我就起诉，真是气死我了。

客服人员：请您不要生气，我先了解一下情况，您请这边坐，稍微休息一下，好吗？

顾客：气死人了！

客服人员（调查完后回来）：让您久等了，我已经调查过了，是这样的，因为最近上级要求高度重视安全工作，结果这名固执的保安就在门口检查顾客的包，我刚出去的时候他又和其他几位顾客争执起来了，我已经摘掉了他的工牌，让他重新接受岗前培训，我现在叫他过来再给您道个歉，好吗？

顾客：道个歉就算完呀？

客服人员：请您体谅一下，这名保安今天刚上岗，确实不懂事。他这个行为的出发点也是遵守上级要求嘛，对不对？

顾客：也不是什么大事，那你就叫他来给我道歉吧，我看态度怎么样，要是不行我今天就没完！

客服人员：好的，谢谢您！我去叫他给您道歉。

……

点评　客服人员根据问题的严重程度，提出了合理的解决方案，并在顾客面前多说好话，劝导顾客接受了自己的解决方案。

沟通技巧 ▶▶

★客服人员提出解决方案时应根据企业的规定和顾客的期望，尽可能给出顾客最满意的解决方案。

★客服人员要积极和顾客协商，化解顾客的怨气。

★如果顾客要求太高，超出了自己的权力范围，则应向上级反映，作为升级投诉来处理，并积极联络跟进。

情景124　礼貌结束

客服人员把顾客投诉处理完毕以后，必须还要问："请问您觉得这样处理可以吗？"或者说"还有别的事情能帮助您吗"等，如果没有了，就表示感谢对方的投诉，礼貌结束对话。

（某超市服务台）

顾客：我要投诉！

客服人员：您好，请您描述一下具体发生了什么事情？

顾客：这是我昨天从你们超市买的糕点，居然变质了！

客服人员：啊？有这样的事情发生，让我看看，唔！真是太糟糕了，可能是我们在存放的过程中不小心进了空气，非常不好意思。

顾客：可是我都吃了一块。

客服人员：啊！您没有感到不舒服吧？

顾客：还好了，我觉得味道不对就吐出来了，没咽下去。真是太不像话了，这么大一个超市居然卖这样的糕点，叫你们领导出来，我要投诉。

客服人员：我是这里的主管，就让我来为您服务吧，好吗？这是投诉单，麻烦您先填写一下。

顾客：哦！

客服人员：请您出示一下购物小票。

顾客：嗯。

客服人员：因为我们卖给您的产品确实出现了严重的质量问题，我代表全体员工向您表示深深的歉意，同时也愿意退换货并给您一定的补偿。您觉得这样合理吗？

顾客：行，你们补偿多少啊？

客服人员：我们的补偿是根据损失而定的，鉴于这次事件比较幸运，没有造成太大的损失，我们就按糕点的价格额外再给您双倍的补偿吧，您认为怎么样？

顾客：你们也太小气了吧，这才多少钱？

客服人员：双倍补偿已经是我能给出的最高条件了。您就把它当做是我们对您积极反映这件事情的感谢费吧，反正也没什么实质的损失，对吗？

顾客：你还真会说，希望你们以后少发生此类事件。

客服人员：谢谢您，请问还有其他能为您效劳的吗？

顾客：帮我把这个糕点也退了。

客服人员：嗯，好的！

……

点评　客服人员为顾客提供了很合理的解决方案，并用诚意打动了顾客，劝其接受解决方案，这期间一直礼貌对待顾客，必然会给顾客留下良好的印象。

沟通技巧 ▶▶ ··

★客服人员的工作性质决定了他们必须始终对顾客保持礼貌，否则一切
可能都会成为无用功。

★即使遭遇敲诈式的投诉，那也是己方犯错在先，因此无论结果如何，
客服人员都应和顾客礼貌道别，不得恶语相加。

第 2 节　处理升级投诉的技巧

即使客服人员严格按照处理投诉的流程正确对待顾客，也可能会出现一些很难化解的问题，甚至激化矛盾，演变为升级投诉。这时候如果处理不当则会给企业带来很大的损失，给企业造成恶劣的影响。因此客服人员需要掌握以下技巧来应对升级投诉。

情景 125　微笑面对

微笑是客服人员在服务中的基本要求，也是处理顾客投诉的有力武器。即使在处理升级投诉时，面带微笑也可能大事化小、小事化了。

（某商场服务台）

顾客：我要投诉。

客服人员（露出微笑）：请您描述一下具体发生了什么事情，好吗？

顾客：你们的销售员服务态度太差了，刚才我在店里要买一部手机，她告诉我要先付款才能看货，不然就只能看样机，我想想这样还是不安全，就说不买了，结果她当着我的面把她刚开好的付款单撕了。

客服人员：真是不好意思，我代表我们的员工先向您道歉。

顾客：你道歉有什么用，这事我非得讨个说法不可，叫你们领导出来。

客服人员：嗯，谁遇到这样的事情都是不能容忍的，您生气我完全可以理解，您先在这边坐下休息一会儿，我去给您找我们处理投诉的主管，好吗？

顾客：好吧，你快点儿！

客服人员（微笑并带着歉意）：非常不好意思，因为今天上级领导来检查，他们现在正开会呢，不方便叫他过来，您先稍微等会儿，好吗？

顾客：那就非得等他吗？

客服人员：非常抱歉，今天我们这里值班的就只有他有处理投诉的权限，您要是着急我就只能帮您把投诉记录下来，等他有时间处理的时候再打电话联系您，怎么样？

顾客：那多麻烦啊，我还是先等等吧。

客服人员：好的，有什么事情随时叫我，谢谢！

（在顾客等待的时间里，客服人员忙前忙后，但每次经过的时候都会给顾客一个甜甜的微笑，并关切地说"让您久等了，有什么事情随时叫我"等，一段时间之后，顾客走过来找客服人员。）

顾客：算了，我不投诉了，我要走了。

客服人员：真是非常抱歉，您是等不及了吗？

顾客：那倒也不是，关键是我现在已经不生气了。

客服人员：哦！是吗？

顾客：我在这里坐着的时候，看见你对我一共微笑了13次，难道这还不足以让我的心情好起来吗？谢谢你！你的服务非常好。

客服人员（很吃惊）：可是，您的投诉？

顾客：那已经不重要了，反正也不是什么大事，我只是刚才有点气愤，不过现在心情很好，等你们主管来了以后，你可以把这件事情跟他反映一下，是25号销售员，希望她以后的服务态度能好一点儿，也希望你们店的生意能越来越好。

......

点评　客服人员用多次真诚的微笑打动了顾客，使其放弃了最初的投诉想法，并提出了真挚友好的建议。就这样，投诉被客服人员用微笑完全化解了，并成功笼络了顾客的心。

沟通技巧 ▶▶ ···

★微笑是人类最美丽、最友好的语言，客服人员在沟通中多使用能赢得顾客的好感。

★顾客投诉时并不一定是有真正的问题需要解决，有可能只是一腔愤怒需要发泄，而此时微笑则是化解愤怒的有力武器。

情景126　转移话题

若顾客对某一细节争论不休，导致投诉无法处理时，聪明的客服人员应转移话题，或暂停讨论，以缓和紧张的气氛，并寻找新的切入点或更合适的投诉处理时机。

（某超市客服部）

顾客：我要投诉。

客服人员：您好，请问发生了什么事情？

顾客：你们超市的工作人员服务态度太差了，我刚才在里面买东西的时候，他冲我瞪眼睛。

客服人员：瞪眼睛？您能描述得详细一点儿吗？

顾客：我当时买了一袋熟食，后来逛了一会儿又不想买了，就把它放在了旁边的货架上，结果旁边正在上货的工作人员就瞪了我一眼。我问他"瞪什么"，他不理我，态度极为嚣张。

客服人员：哦，这么回事呀，真对不起，您先稍等一下，我了解一下情况。

顾客：好的。

……

客服人员（调查完情况之后）：真是不好意思，让您在我们这里遭遇了不礼貌的待遇，我代表我们的员工向您道歉，对不起！

顾客：你跟我道什么歉！

客服人员：这样吧，我叫他过来跟您道歉，您看这样处理您满意吗？

顾客：仅仅道歉有什么用，他当时瞪我那一眼吓着我了，不仅伤了我的自尊，还让我的精神受到了极大的伤害，我要求精神赔偿，你处理不了就叫你们领导出来。

客服人员：其实我跟您一样，经常选了东西之后又不想要了，就放在那里了。

顾客：对呀，我这么做能有什么错。

客服人员：是的，我跟您的想法一样。可我们超市经常有些服务人员跟我说，看见顾客把选好的东西随便乱扔，他们很生气，我告诉他们这么想是不对的。

顾客：对呀，这不是他们的工作吗？

客服人员：您说得对，但是他们每天工作很辛苦，顾客乱扔东西就是给他们加大了工作量，所以才发生了这种对顾客不礼貌的行为。

顾客：那倒也是。

客服人员：您真通情达理，我就替同事说说情吧，让他出来给您道个歉，好吗？

顾客：你可真会说话，我今天是看在你的份儿上了，好吧，就这么办吧。

……

点评　当顾客要求精神损失赔偿的时候，客服人员没有和顾客理论下去，而是转移话题，和顾客谈犯错员工的苦衷，博得了顾客的同情，接受了她提出的方案，成功处理了顾客投诉。

沟通技巧 ▶▶ ···

★投诉升级往往都是因为客服人员和顾客对解决方案的意见不能达成一致，这时不要就具体问题一直争执下去了，转移话题，从侧面处理，往往能取得意想不到的效果。

★客服人员转移话题时不能扯得太远，那会让顾客以为是在逃避问题且浪费时间，应谈和主题有关的话题。

情景127　防止破裂

当顾客投诉升级以后，客服人员应小心应对，无论发生何种情况，都切记不要让投诉处理完全破裂，这会给企业造成很大的损害。所以客服人员要给顾客留有一定的余地，并促使矛盾不断缓和，最后达成处理协议。

客服人员：您好，××公司客户服务部，请问有什么能帮助您的？

顾客：我要投诉，我在你们公司卖的月饼里面居然吃出来一个螺丝。

客服人员：啊？有这样的事情，您没有受伤吧？

顾客：还好我及时发现了，你们这厂家也太不像话了，拿顾客的生命当儿戏，那么大一个螺丝，要是小孩吃了还不得出人命！

客服人员：如果真有这样的事情，我们就太惭愧了。

顾客：我难道还会骗你们吗？出问题的月饼我现在还留着呢，很明显能看出那个螺丝原来就是在里面的。

客服人员：哦，我们会派工作人员前去取证，请留下您的联系方式和地址。

（取证完毕后）

客服人员：您好，我是××公司的××，我们已经核实了那块月饼确实有质量问题，当时的质检工作做得不到位，真是对不起。

顾客：哪有你们这样的工厂，你们生产的产品是用来吃的，真是对你们太失望了。

客服人员：对不起，我代表我们公司全体员工向您道歉，并郑重承诺，以后再也不会发生类似的事件了。

顾客：再发生还了得，这不是小事情。

客服人员：谢谢您这次的投诉，关于这次事件的处理呢，我们愿意按您购买月饼的价格双倍补偿，额外再赠送您一盒月饼表示感谢，这样处理您满意吗？

顾客：一盒月饼才多少钱，这样就想打发我呀？

客服人员：按照国家的相关规定，我们只能给您双倍赔偿，这额外赠送的一盒月饼是为了表示感谢的。

顾客：你们这是食品啊，出现这样的事情是大事情，反正这么点儿赔偿肯定不行，要不我就去找媒体给你们曝光，看谁还敢买你们的月饼。

客服人员：在我的权限范围内就只能给您这样的处理了，那您先等一下吧，我把事情反映给我们的上级，讨论以后再给您解决方案吧，好吗？

顾客：那也行。

客服人员：好的，我们会尽快跟您联系的，请保持电话畅通，再见！

……

点评　客服人员提出的解决方案被顾客否决后，顾客情绪比较激动，于是客服人员又提出了"跟上级反映以后再给解决方案"，避免了投诉处理的破裂。

沟通技巧 ▶▶

★投诉处理破裂对企业造成的损害会非常大，所以客服人员哪怕做出最大的让步，也要防止投诉处理破裂。

★一般情况下，只要客服人员充满诚意，积极对待顾客的投诉，即使过程曲折点儿，最终也能达成一致，因为顾客投诉的目的就是解决问题，没有谁会以故意为难别人作为出发点。

情景128　肯定对方

客服人员要特别注意自己说话的语气，尤其是对顾客提出的有建设性的或者自认为聪明的意见和发言，应尽量肯定对方；即使认为不可行，也要用委婉的语气否定，最好同时寻找其中优点予以肯定，因为直接否定的语气很容易激怒顾客，进而使得投诉处理更加困难。

客服人员：您好，××电视台客户服务部，请问您需要什么帮助？

顾客：我要投诉！

客服人员：请问发生了什么事情？

顾客：我看了你们电视台放的那则内衣广告，广告说得那么好，我就邮购了一套，可是只寄过来一件，而且质量特别差，一看就知道是假货。

客服人员：哦，很遗憾有这样的事情发生。不过呢，这个广告是××公司在我们台做的，您应该直接找他们投诉，我们可能帮不到您。

顾客：难道你们没有责任吗？谁叫你们电视台整天放这种骗人的垃圾广告，还不是你们串通好了一起欺骗消费者，做媒体要有点儿良心，知道吗？

客服人员：对不起，请您不要激动，发生这样的事情，我和您一样也觉得很难过，毕竟我们电视台也不希望电视购物广告中出现欺骗行为，这也会影响观众对我们台的印象。可是我们并不能完全控制这样的事情发生，我们和××公司签署了发布广告的协议，之前会对广告的内容进行审查，但因为这是购物广告，在具体的操作过程中我们没有监督的能力和权限。

顾客：你别和我说这个，你们就是播放虚假广告，欺骗消费者！

客服人员：您这么想是正常的，请您换一个思路，我们假设××公司在和我们签署广告协议的时候拿一套真品内衣给我们检查，而且他们确实也有这个品牌的经销权，那我们可能就会和他们签署协议，但在广告播放之后，他们和购买者之间的交易中有没有欺骗行为我们根本没有权力调查，您说是这样的吧？

顾客：那我该怎么办呀？你们一定要为我负责。

客服人员：谢谢您对我们的信任，我为发生了这样的事情向您表示歉意，毕竟电视购物确实也存在着一定的缺陷，现在不是有新规定，即将禁播这类节目了吗？但是对于这件事情，我除了道歉之外，再能帮助您的也就只是提供一些建议了。

顾客：那你说吧，我该怎么办？

客服人员：您可以打××公司的投诉热线跟他们联系，让他们给您解决。

顾客：他们那个投诉热线永远是占线，根本打不通的，我已经试过了。

客服人员：您还可以向消费者协会投诉。

顾客：我已经投诉过了，消费者协会说正在尝试和商家联系。

客服人员：看来您确实也费了很多周折，您可以去起诉他们，保留好您买的衣服和汇款记录，这都是证据；另外，即使广告停播了，我们也可以为您作证，提供广告记录。

顾客：我也这么想呢，可是……哎，算了，不说了。

客服人员：您也别太难过。

顾客：钱倒也没多少，就是咽不下这口气！谢谢你，你们电视台的人还真不错。

客服人员：谢谢您的好评！衷心祝愿您维权成功。

顾客：谢谢。

客服人员：还有别的什么事情我能帮助您的吗？

顾客：没有了，再见吧！

……

点评　尽管顾客投诉事件中的责任并不在己方，但客服人员仍然保持耐心跟顾客解释，并且对于顾客提出的一些不可能实现的想法一再采用肯定的语气，如"我和您一样也觉得很难过""您这么想是正常的"。客服人员很好地安抚了顾客的情绪，并给顾客提供了一些处理建议，得到了顾客的好评甚至是感谢。

沟通技巧 ▶▶

★ 客服人员在沟通中要尽量给予顾客肯定，这样有利于调动沟通的气氛，促使问题得以妥善解决。

★ 在处理投诉时，即使顾客提出了一些不可行的意见，客服人员在否定时也一定要委婉，最好同时找出其中值得肯定的地方加以夸赞，以安抚顾客情绪。

情景129　以退为进

在处理升级投诉中，当双方提出的处理方案差别很大时，客服人员可适当做出让步以表达诚意，顾客也可能因此就做出让步，与客服人员达成一致。客服人员不要坚持己方的利益毫不让步，要知道"退一步海阔天空"，适当的让步恰恰是使事情往好的方向发展的基础，最后和顾客达成共识，这就是以退为进。

顾客：喂，你好。

客服人员：您好，请问您是×先生吗？

顾客：是我。

客服人员：×先生您好，我是××电信公司的客服人员，本月13日您曾经给我们公司打过一个投诉电话，是这样的吗？×先生。

顾客：嗯，情况你们调查清楚了？

客服人员：是的，×先生，首先感谢您长期以来对我们的支持。您是3月25日下午办理的宽带续费手续吧？

顾客：是的。

客服人员：当时我们正在进行的促销活动是"续费大优惠"，18个月1 200元，并且带宽从原来的2M自动升级到了4M，这些优惠您都享受到了吧？

顾客：是的，我对这次促销活动没有异议，我的问题是：仅仅 5 天之后，也就是 4 月 1 日到 30 日期间，你们的促销活动就变了，从 18 个月 1 200 元变成了 1 000 元，而且还有赠品，这些优惠我都没有得到，你们得给我个说法。

客服人员：我理解您的感受，×先生，您所说的情况确实属实，但是您可能不太了解，您说的这两次促销活动完全是不相关的，前者的活动期间是 3 月 15 日到 3 月 31 日，后者是 4 月 1 日到 4 月 30 日，而您参加活动的时间是 3 月 25 日，所以只能享受第一个活动的优惠。

顾客：为什么仅仅 5 天之后，你们的活动就不一样了，这样对我们这些前面续费的顾客就太不公平了，你们这是欺骗消费者。

客服人员：请您不要生气，×先生，的确我们公司在这两个促销活动的内容上考虑得欠妥当，我代表公司向您道歉。不过，享受活动优惠的机会只有一次，我们不能给您违规操作。

顾客：你们这次活动本来就是有问题的，为什么不给我改一下？你们这是欺骗消费者。

客服人员：×先生，我能理解您的感受，如果同样的事情发生在我的身上我也会很生气，但是我们公司长期都有促销活动，并在不停地变换活动内容，所以发生这种情况真的是在所难免。

顾客：那你的意思是就这么处理了？

客服人员：×先生，首先我代表公司向您道歉并感谢您长期以来对我们的支持，您看这样行吗？我们破例将 4 月份促销活动的赠品赠您一份，您看可以吗？

顾客：那其他优惠呢？

客服人员：非常不好意思，×先生，其实您也知道，任何一家公司的促销活动都是在不断变化着的，将这些活动相对比自然就有不够优惠的促销活动存在了，您说是吗？

顾客：那好吧，看你们还有点儿诚意，这次我就不追究了。

……

点评　客服人员以退为进，从道歉到送赠品，两次让步体现出了诚意，最终成功打动了顾客，化解了顾客的不满。

沟通技巧 ▶▶ ···

★ 当双方在解决方案上争执不休，始终无法达成一致时，客服人员应主动做出让步，可能就因此促使问题得以解决。

★ 客服人员让步时要注意时机和技巧，既要表现出解决问题的诚意，也要体现出让步的困难性，表示自己已经很尽力了，促使顾客接受条件。

情景 130　讲求证据

客服人员在处理投诉的过程中，应坚持用事实说话的原则，这样不仅是对顾客负责任，也可以限制少数顾客过分夸大某些事情。尤其是对待升级投诉，注重细节，拿出事实，再辅以善意规劝，是说服顾客的有效办法。

（某超市客户服务台）

顾客：我要投诉，你们的保安打人了！什么素质啊，这什么垃圾超市，我今天和你们没完！

客服人员：请您不要着急，慢慢说到底发生了什么事情，好吗？

顾客：我刚才进超市的时候，他不让我进，让我先把包存起来，可我这样的小包带在身上又怎么了，而且凭什么别人带着没事，我带着就不行？我硬要进去，他就打我了。

客服人员：真是对不起！您有没有受伤啊？

顾客：受伤倒没有，反正他推搡我了，侮辱了我，我要你们赔我精神损失费。

客服人员：真是对不起，您先冷静一下，不要生气好吗？

顾客：我能不生气吗？你就知道说风凉话，赶紧给我解决问题。

客服人员：好的，但是我们要先确认一下事实，我们的监控室有刚才发生事件的录像，我们一起去看看好吗？

（监控录像显示，保安并没有推搡顾客，倒是顾客先开口大骂。保安坚持不让顾客进超市，没有明显的对顾客不礼貌的行为。这时，顾客面露尴尬之色。）

客服人员：我替保安向您道歉，恳请您能谅解，因为最近上级检查，所以我们对顾客出入超市的要求是严了点儿。

顾客：我这人脾气好，和你聊一会儿，就没刚才那么生气了。

客服人员：看得出来，您真是个好人。其实谁都有发火的时候，我理解您。

顾客：好吧，我就不计较了，谢谢你！再见！

客服人员：再见！

……

点评　客服人员拿出证据和顾客一起看完之后，再向顾客道歉并"恳请顾客谅解"，给了顾客一个台阶下，投诉风波自然迎刃而解了。

沟通技巧 ▶▶ ···

★客服人员在处理投诉时应坚持讲求证据的原则，不要歪曲事实，逃避
　责任。

★客服人员要用讲求证据的工作作风感染顾客，使他们不能随意夸大
　事实。

第 3 节　注意事项

在投诉的过程中，顾客最不愿意看见的情况就是客服人员不够专业、怠慢顾客、缺乏耐心、过度承诺和急于开脱，这会让顾客的怨气无处发泄，对企业彻底失去信心，从而选择放弃。因此客服人员一定要避免出现上述情况，它们是客服人员处理投诉过程中的大忌。

情景 131　不够专业

顾客投诉的时候遇上一名"菜鸟"客服人员，这是让顾客很恼火的一件事情，甚至可能会让顾客误以为客服人员在故意装傻、捉弄顾客，不愿意处理问题。所以，一名优秀的客服人员要不断提高自己的专业水平，并在服务中发扬专业的工作作风。

客服人员：您好，××公司客户服务部，请问有什么能帮助您的？

顾客：我要投诉！

客服人员：请您描述一下发生了什么事情，好吗？

顾客：我买了一台你们公司生产的空调，昨天你们公司派人来给我安装，那些安装人员的态度极差，而且装空调的时候把我家的墙壁弄开了一个缝儿，最后也没打扫卫生就走了。

客服人员：哦，安装的时候您在家吗？

顾客：是啊。

客服人员：您应该告诉他们怎么做呀。

顾客：你们的专业安装队还用得着我指导吗？我又不懂空调应该怎么装。

客服人员：哦，可是我不太明白装空调怎么会把墙壁弄裂呢？

顾客：你去问你们自己的人，好吗？

客服人员：这种事情有可能是正常的吧！以前都没见人反映过这样的情况。

顾客：跟你说话怎么那么累，你们就是这么处理投诉的吗？太让人失望了！

……

点评　客服人员不专业的服务让顾客很失望，"可是，我不太明白……""这种事情可能是……"这两句话充分体现了客服人员专业知识的匮乏。一名优秀的客服人员在处理投诉时应自信而果断，提出正确的问题，做出正确的决策。

沟通技巧 ▶▶

★客服人员平时一定要注意积累足够的专业知识，以避免在顾客提出问题时自己无法应对。

★处理顾客投诉时，客服人员应发扬专业精神，严格按照投诉处理流程操作。

情景132　怠慢顾客

当顾客上门投诉时，客服人员应用热情化解顾客的怨气，正确处理顾客投诉并提供良好的服务试图重新笼络顾客，所以这时千万不能怠慢顾客，否则就将激怒顾客，让顾客彻底绝望。

（某商场服务前台）

顾客：你好，我要投诉。

客服人员：我这边忙着呢，你先等会儿。

（几分钟后）

顾客：我要投诉！

客服人员：等会儿行不行啊？

（又过了几分钟，客服人员闲了下来）

顾客：我要投诉。

客服人员（指着顾客面前柜台上的一个单子说）：嗯，填投诉单吧！

顾客（火冒三丈）：你刚才怎么不让我先填单子呀？

客服人员：现在不是告诉你了吗！

顾客：哼，我不投诉了，以后再也不来你们这里买东西了，我回去后会帮你们公司做"宣传"的，再见！

……

点评　客服人员的怠慢使得顾客火冒三丈，导致投诉升级，接下来想要挽回顾客必然会花费很大的力气。如果是该案例中的情况，客服人员比较忙的时候可以请顾客先在投诉单上登记，如果登记完客服人员还在忙的话就应礼貌地对顾客说"请稍等，我忙完就给您处理"等，不要让顾客认为是客服人员故意怠慢。

沟通技巧▶▶

★怠慢顾客是客服人员缺乏职业道德的行为表现，尤其是面对满腔怨气的顾客，更是怠慢不得，否则会激起他们的怒火。

★如果客服人员确实比较忙，就应及时向顾客表达歉意，说"对不起，请稍等，我这边忙完就帮您处理"等，并加快工作的节奏，表现出服务的诚意。

情景133　缺乏耐心

客服工作最需要耐心，处理顾客投诉尤为如此，顾客投诉时经常充满怨气，客服人员需要忍耐其发泄不满。在最后协商解决方案时，客服人员也要耐心应对才可能和顾客达成一致。

（某网络购物平台）

客服人员：您好，请问有什么能帮助您的？

顾客：我要投诉。

客服人员：哦，请你说说发生了什么事情？

顾客：我在你们网站上买了一张×××演唱会的门票，可是快递送来的时候我发现票面撕裂了，我打电话要求换票，你们的17号客服人员说这样的情况不给换，态度还特别差。我要求换票，并投诉17号客服人员。

客服人员：哦，如果他态度不好的话，我替他向您道歉，但他的处理是正确的，如果出现票面撕裂我们一般是不给换的。

顾客：为什么呀？

客服人员：因为这并不会影响您的使用。

顾客：可是我还想收藏这张票呢，我就想要张新的。

客服人员：那这样吧，您如果愿意承担往返运费的话，就把您那张票寄回来，我给您换一张同等价值的新票，好吗？

顾客：凭什么呀，我也花这么多钱，和别人一样，为什么别人的票是崭新的，我的票就是撕裂的呢？运费应该由你们承担。

客服人员：您要是不愿意承担运费的话，我就帮不了您了。

顾客：为什么产品有质量问题不能换啊？这还是我第一次遇见。

客服人员：不能这么说，因为这并不会影响您的使用，原则上我们这类票是一律不能换的，我已经给您做出最大让步了。

顾客：怎么不影响使用了，我就是用来收藏的，好不好？票面撕裂了我还怎么收藏啊？

客服人员：对不起，我帮不了您。请问您还需要其他帮助吗？

顾客：帮不了我就完了呀？你们可真霸道，什么垃圾公司啊！

客服人员：如果没有别的事情的话，请您挂机！我还要为其他顾客服务。

顾客：哇！好嚣张啊。

……

点评 在问题的处理上，客服人员和顾客之间出现了争议，而在争议的处理上，客服人员没有耐心地安抚顾客，最后甚至强行挂机，必然会引起顾客的强烈不满，导致投诉升级。

沟通技巧 ▶▶ ···

★缺乏耐心是客服人员处理顾客投诉的大忌之一，顾客投诉本来就带着
　负面情绪，这时再遇到一个缺乏耐心的客服人员会让他们更加不满。

★缺乏耐心是客服人员对顾客不负责任的体现，既然顾客投诉企业犯了
　错误，客服人员就应该表现出负责的态度。

情景134　过度承诺

顾客投诉时会跟客服人员提出一些自己的要求，有时候客服人员不一定能够
完全满足，这时就需要谨慎，对于没有把握的事情不要给顾客承诺，否则万一做
不到，会引起顾客更大的不满。

客服人员：您好，××公司客户服务部，请问有什么能够帮助您的吗？

顾客：我要投诉！

客服人员：哦，那您说说具体情况吧！

顾客：我买了一部你们公司生产的型号为××的手机，刚用不久就坏了。我
拿去维修点维修，第一次修好后没用几天，又出了相同的问题，我要求换货却不
给换，没办法只好又送去修，现在已经一个多月了，还没有修好，说是返厂了，
你说怎么能这样呢？

客服人员：很遗憾出现这样的事情，因为返修的时间过长给您造成了很大的不便。

顾客：对呀，而且你们维修点那些工作人员的服务态度很差，我打电话过去
问情况都爱理不理的，一直叫我先等着，可这都过去一个多月了，我要求给我换
手机，或者直接退货。

客服人员：对不起，退换货一般是不太可能的，我们只能给您维修。

顾客：可你们这么长时间都修不好，不能老拖着啊，我买手机不是为了给你
们的维修库做陈列用的，这算什么啊！我现在没手机用了。

客服人员：您别着急，我帮您了解一下情况，一定努力让您早点儿拿到手机。

顾客：要是还没修好怎么办？

客服人员：不会的，既然都送修一个多月了，肯定已经修好了，我帮您催促
一下，保证让您很快拿到货。

顾客：好！这可是你说的啊，要是还没修好你就给我换新的，好吗？

客服人员：不会没有修好的，请您留下联系方式，我会在两个工作日内跟您联系的。

……

客服人员：您好，是×××先生吗？我是××公司的客服人员××，那天接到您的投诉，我们做了调查，您的手机确实出了点儿问题，现在还在维修当中。

顾客：这么长时间还没有修好啊？

客服人员：嗯，因为这种故障不太常见，修起来比较费时间，但您放心一定能修好的。

顾客：我等不及了，反正你那天保证我能拿到货的，看你怎么处理吧。

客服人员：是的，我是希望您早点儿用上手机，但是现在还在维修当中，请您再等等好吗？

顾客：我等不及了，你给我换个新的吧。

客服人员：我没有那么大的权限给您换新的手机，而且这也不符合我们换货的规定。

顾客：那你当时给我的承诺算什么啊？你保证让我拿到手机的，现在又让我等，你帮我解决什么实际问题了？你们公司怎么这么不负责任啊？我要告你们！

……

点评　客服人员随口给了顾客一个承诺，结果却无法实现，更引起了顾客的愤怒，使得矛盾进一步激化。

沟通技巧 ▶▶ ··

★客服人员向顾客做出承诺是好事情，可以体现企业的责任感，但承诺的事情最后办不到就会让顾客觉得受到了戏耍，所以过度承诺也是处理顾客投诉的大忌之一。

★既然向顾客承诺了，就一定要努力实现承诺，这是客服人员为顾客负责的体现。

情景135　急于开脱

急于开脱责任也是客服人员处理顾客投诉时的大忌，这会让顾客对企业彻底失去信任。顾客可以容许企业犯错误，但绝对不会容许企业逃避责任，所以客服人员处理投诉时一定要表现出敢于承担责任的积极态度。

　　客服人员：您好，××公司客户服务部，请问有什么需要帮助的？

　　顾客：我要投诉。

　　客服人员：您说吧，怎么了？

　　顾客：我买了一台你们公司生产的保温壶，可是只用了一个多月，就一点儿都不保温了。你们公司这产品质量也太差了吧，这不是骗消费者的钱吗？

　　客服人员：不可能，我们公司的产品质量很好的，有可能是您使用不当给损坏了。

　　顾客：怎么可能是我使用不当，那么简单的一个保温壶我还不会用吗？这不是开玩笑吗！

　　客服人员：也有可能您购买的是假冒伪劣产品，根本不是我们公司生产的产品，本身质量就有问题也说不定了。

　　顾客：怎么可能？我在×××大超市买的，那里面怎么可能有假货？

　　客服人员：那也不好说，现在假货到处都是。

　　顾客（勃然大怒）：你们这是什么企业呀，你这是什么服务态度！你看看你，我投诉个问题，你不认真对待，只知道一味地开脱责任！我去消协投诉你们，看有没有人管。

　　……

　　点评　客服人员不是认真处理问题，而是一味地开脱己方的责任，找借口推脱，导致顾客勃然大怒，矛盾激化。

沟通技巧 ▶▶ ···

　　★客服人员推脱责任是顾客投诉时最不愿意看到的情景，这会让他们对
　　　企业彻底失望。

　　★接到投诉时，客服人员一定不要表现出急于开脱责任的态度，应认真、
　　　积极地对待投诉事件，这样才可能重新赢回顾客的信任。